深圳托育服务政策研究

贺修炎　胡序怀　著

吉林大学出版社

·长春·

图书在版编目（CIP）数据

深圳托育服务政策研究 / 贺修炎，胡序怀著 .— 长
春 ：吉林大学出版社，2022.7
ISBN 978-7-5768-0060-9

Ⅰ．①深… Ⅱ．①贺… ②胡… Ⅲ．①学前教育—服
务需求—研究—深圳 Ⅳ．① G61

中国版本图书馆 CIP 数据核字 (2022) 第 137282 号

书　　名：深圳托育服务政策研究
　　　　　SHENZHEN TUOYU FUWU ZHENGCE YANJIU

作　　者：贺修炎　胡序怀　著
策划编辑：邵宇彤
责任编辑：代红梅
责任校对：安　萌
装帧设计：优盛文化
出版发行：吉林大学出版社
社　　址：长春市人民大街 4059 号
邮政编码：130021
发行电话：0431-89580028/29/21
网　　址：http://www.jlup.com.cn
电子邮箱：jldxcbs@sina.com
印　　刷：定州启航印刷有限公司
成品尺寸：170mm×240mm　　16 开
印　　张：13.75
字　　数：245 千字
版　　次：2022 年 7 月第 1 版
印　　次：2022 年 7 月第 1 次
书　　号：ISBN 978-7-5768-0060-9
定　　价：78.00 元

前 言

从 2018 年开始，托育服务行业受到广泛关注，社会、政府采取了一系列措施来发展托育服务行业。随着三孩政策的全面落实及年轻父母的养育意识的提高，托育服务供不应求，该行业呈现出快速增长的趋势。

国务院总理李克强 2019 年 3 月 5 日在第十三届全国人民代表大会第二次会议上所作的政府工作报告中专门指出："婴幼儿照护事关千家万户，……，要加快发展多种形式的婴幼儿照护服务，支持社会力量兴办托育服务机构。

2019 年，国务院办公厅颁布了《关于促进 3 岁以下婴幼儿照护服务发展的指导意见》（以下简称《意见》），为托育服务的发展提供了国家级的发展指导意见。《意见》指出，通过加强对家庭、社区、婴幼儿照护服务机构的支持和规范，到 2020 年建立婴幼儿照护服务的政策法规体系，建成一批具有示范性的婴幼儿照护服务机构。《意见》还指出，2025 年将进一步完善婴幼儿照护服务的政策法规体系及标准规范体系，基本形成多元化、多样化、覆盖城乡的婴幼儿照护服务体系。

党的十九大上提出："在幼有所育、学有所教、劳有所得、病有所医、老有所养、住有所居、弱有所扶上不断取得新进展。"其中"幼有所育"涵盖了 0～6 岁的学前儿童，希望实现 0～6 岁儿童在养育、教育方面的全面发展。"幼有所育"扩大了学龄前儿童的范围，由 3～6 岁扩展到 0～6 岁，这样就促进了 0～3 岁婴幼儿的全面发展。目前，针对 0～3 岁婴幼儿的托育服务处在供不应求的状态，需要加快其发展步伐。"幼有所育"的提出体现了在发展中补齐民生短板、促进社会公平正义、完善民生的蓝图，政府提出"多谋民生之利、多解民生之忧"，而托育服务的发展正是一项为民谋利、为民排忧的长远事业，值得稳步且快速的推进。

以深圳市为例，深圳市每年的新生儿人数将近20万。婴幼儿需要有人照顾，加上现代育儿观念的深入，深圳市托育服务的需求提高，出现了供不应求的局面。目前，深圳市托育服务人才短缺，需要快速建立托育体系，许多托育机构不够规范，需要加快合规化构建。深圳市在2020年发布了《深圳市促进3岁以下婴幼儿照护服务发展实施方案（2020—2025年）》（以下简称《方案》），《方案》指出，到2025年，每个社区均设立提供全日托、半日托、计时托、临时托等婴幼儿托育服务的机构，每千人口托位数达4个，婴幼儿家庭接受科学育儿指导率高达95%，婴幼儿健康管理率也高达95%。另外，深圳市目前正在加紧发展普惠性托育园，加快托育服务机构的备案进程，深圳市托育服务工作初见成效。

无论是市民的托育需求，还是国家政策的实施，都显示着托育服务发展黄金期的到来。托育服务为何产生又将如何发展，正是本书重点分析的问题。围绕深圳市托育服务政策研究，本书按照托育服务基本理论概述、我国托育服务政策的历史演进、国际托育服务政策体系概述、国内托育服务政策现状、深圳托育服务政策现状分析、深圳托育服务政策构建的顺序展开叙述。

希望本书可以为深圳市托育服务的发展提供参考，由于现有的资料有限，书中的内容及论述难免有不全面之处，还望各位读者批评指正。

贺修炎

2021年8月

目 录

绪　论

一、研究背景

2021 年 5 月 31 日，我国正式推出全面放开三胎的政策。三胎政策旨在解决当前社会日渐明显的老龄化问题，缓解人口老龄化的压力。2020 年第七次全国人口普查结果显示，我国人口已经超过 14 亿。虽然从 2015 年开始全面实行二胎政策以来，新生儿比例有所增加，但是对于我国庞大的人口基数来说，新生儿数量只是实现了较小幅度的增长，并且在 2020 年又出现了下降趋势。2021 年上半年，新生儿数据持续走低，最高跌幅为 35%。[①] 较低的出生率也就意味着老龄化程度的加深，而老龄化社会将不可避免地导致老年人数量增大、劳动力减少、人口红利消失。

为了缓解人口老龄化，鼓励生育，国家推出全面放开三胎的政策。但由于"不敢生""不愿意生"等原因依然存在，不难估计，全面放开三胎的政策效果不会太明显。因此，推出三胎政策还远远不够，出台相应的配套措施同样尤为关键，托育服务作为一项重要的三胎政策的配套服务无疑将迎来前所未有的发展机遇。从目前我国托育服务的发展水平来看，总体尚处在初级发展阶段，各项基础设施发展薄弱，并且各地的托育服务质量参差不齐。当前，广大家庭最迫切的愿望是建立起专业、便利的托育机构，从而能提供婴幼儿照护服务，为婴幼儿的健康发展提供良好的环境。对部分家庭进行的实地调查结果显示，七成以上的被访者希望家中的婴幼儿能得到全面的照护服务。[②]

儿童是未来的希望，服务好他们是服务好社会的关键之所在。美国总统

---

① 上半年新生儿数据出炉，最高跌幅达 35%，今年或将跌破千万大关 [EB/OL].（2021-09-06）[2021-10-08]. https://baijiahao.baidu.com/s？id=1710134276413042389&wfr=spider&for=pc.

② 胡西蒙.多源流理论视角下我国 0～3 岁婴幼儿托育服务政策变迁研究 [D].武汉：华中师范大学，2020.

富兰克林·罗斯福指出："美国年轻一代的命运决定了美国的命运。"[①] 近年来，我国也逐渐开始重视幼儿服务工作，先后出台了《托育机构设置标准（试行）》《托育机构管理规范（试行）》《关于促进"互联网＋社会服务"发展的意见》《支持社会力量发展普惠托育服务专项行动实施方案（试行）》《托儿所、幼儿园建筑设计规范》《关于养老、托育、家政等社区家庭服务业税费优惠政策的公告》《托育机构登记和备案办法（试行）》《中华人民共和国学前教育法草案（征求意见稿）》《托育机构保育指导大纲（试行）》等促进托育服务发展的方针政策，并且在党的十九大上提出了构建"幼有所育"的重大战略部署。诚然，我国3～6岁儿童的学前教育已经取得了一定的成果，并且得到了稳定的发展。然而，党的十九大报告提及的"幼有所育"中的"幼"指的是0～6岁的儿童，在3～6岁学段的学前教育得到较大发展的情况下，0～3岁婴幼儿的"养"和"育"问题则仍然被忽视，相关政策及养育体系尚待完善，较大的需求与较少的服务供给形成了较为突出的供求矛盾。因此，我国需要借鉴国外发达或较发达国家的经验，抓紧制定0～3岁婴幼儿托育服务的相关政策，并建立起相应的公共服务或准公共服务体系，充分发挥托育服务在人口持续增长中的积极作用。

发展0～3岁婴幼儿的托育服务，需要结合新时代的发展要求，不仅要汲取发达国家托育服务的成果与经验，还要结合我国现状构建地方性的托育服务体系，制定适合本土的托育发展策略。本书旨在全面梳理我国托育政策及托育发展历史的基础上，参考部分发达或较发达国家，以及香港特别行政区、澳门特别行政区、台湾地区和国内部分城市的托育服务政策经验，结合深圳的本地实际，提出深圳托育服务政策构建策略。

二、概念与概念辨析

本书主要研究托育服务政策，核心概念涉及托育、托育服务和托育服务政策等，除此之外，还涉及托育机构、教育政策、幼有所育、儿童早期发展和人口红利等相关概念与理论。本项研究的客体是0～3岁的婴幼儿，从教育学意义上来说，此年龄阶段的保育与教育属于学前教育领域。托育服务政策是本项研究的最终落脚点，其本质是教育政策。

---

① Philip R. Popple, Lesile Leiguninger. Social Work, Social Welfareand American Society [M]. Massachusetts：Allyn and Bacon, 1990：102.

（一）学前教育

关于学前教育的概念，有多种界定，按国际通行概念界定，学前教育是学龄前儿童实施保育和教育的总称。考虑到本项研究客体年龄阶段的确定性，笔者从年龄的维度和保育、教育的角度对学前教育的概念进行梳理。有的观点认为自出生至入学前的保育、教育综合即为学前教育。比如《新华字典》指出："学前教育是对学龄前儿童有组织、有计划实施的教育"[①]；日本学者森上史郎认为："学前教育的对象是从出生到入学前所有的幼儿"[②]；顾明远提出："学前教育是对出生至入学前的儿童的教育"[③]；美国学者伊娃·伊萨认为："学前教育是指各类面向 0～8 岁的儿童发展适宜性教育项目，或者指对学前儿童施以有效性早期教育"。[④] 上述是一种宽泛的学前教育概念界定，我国对学前教育的年龄段界定为 0～6 岁，美国为 0～8 岁，其他国家还有0～7 岁等。除此之外，还有一些相对较为宽泛的学前教育概念的界定，日本学者森上史郎认为 0～1 岁婴儿的保育不能算在学前教育内，1 岁之后至入学以前才算学前教育。[⑤] 此外，尚有狭义上的学前教育概念界定，即学前教育是指 3 岁以后至入学前的儿童教育。比如，《中国大百科全书》将学前教育定义为："对入小学前的幼儿所进行的有计划的教育，中国对学前教育的年龄阶段界定为 3～6 岁"[⑥]；冯永刚等认为："学前教育是指在托儿所、幼儿园、托幼一体化机构及其他各种公立或私立的学前教育机构内进行的各种各样、丰富多彩的教育活动"。[⑦]

人的一生按年龄可分为若干阶段，如婴儿期、幼儿期、儿童期、少年期、青年期、成年期、老年期等。一般而言，0～3 岁为婴儿期、3～6 岁为幼儿期、6～12 岁为儿童期、13～15 岁为少年期。所谓"活到老，学到老"，教育贯穿人的一生。对于终身教育体系而言，广义上的学前教育涵盖

① 商务印书馆辞书研究中心 . 新华词典（第 3 版）[M]. 北京：商务印书馆，2001：1197.

② 森上史郎·柏女霊峰 . 保育用語辞典（第 3 版）[M]. ミネルヴァ書房，2004：2-3.

③ 顾明远 . 教育大辞典（第 2 卷）[M]. 上海：上海教育出版社，1991：68.

④ 伊娃·伊萨 . 儿童早期教育导论 [M]. 马燕，马希武，王连江，译 . 北京：中国轻工业出版社，2012：3.

⑤ 同②。

⑥ 中国大百科全书出版编辑部 . 中国大百科全书（教育）[Z]. 北京：中国大百科全书出版社，1985：21.

⑦ 冯永刚，刘浩 . 学前教育学 [M]. 济南：山东大学出版社，2009：1.

婴幼儿阶段的保育和教育，狭义上的学前教育则仅指 3～6 岁幼儿期的保育和教育，学者们也有对"学前教育"是否等同于"幼儿教育"的争论。

王忠民认为："学前教育似乎更注重从学制的角度进行考察，幼儿教育是基础教育的有机组成部分"[①]；杜成宪则认为："学前教育与幼儿教育都是不可取代的独立个体，并且指出幼儿教育更多的是从人的自然发展过程对儿童特定发展阶段的教育做出界定，其主要依据是不同年龄阶段儿童的身心发展特点，而学前教育更多是从学校教育的立场出发对儿童的教育阶段做出界定。"[②]

需要注意的是，在美国，学前教育几乎等同于学前保育和教育，有时也简称为早期教育或保育，因此，美国对于学前教育并没有完全统一的称谓。此外，在美国，0～6 岁儿童的教育场所也有不同的称呼。刘炎指出，"Kindergarten 一般指附设在公立小学的学前班，为 5～6 岁儿童提供学前一年的教育，是基础教育阶段（学前班～12 年级）的组成部分；Preschool 一般指为 3～5 岁儿童提供早期教育的幼儿园"。[③] 我国于 1996 年颁布的《幼儿园工作规程》指出幼儿园是为 3～7 岁幼儿提供的施教场所。

综上所述，学前教育和幼儿教育尚未被严格分开，并且鉴于本研究是基于美、英、日等国家的学前教育政策研究，所以将学前教育概念界定为"从出生到入小学前对儿童的教育"。

（二）托育与托育服务

从字面上理解，"托"即委托、托付的意思。[④]"育"即养活、教育的意思。因此，二者结合意为委托（托付）养活、教育。[⑤] 对于特定的婴幼儿对象来说，托育就应该是家长将孩子委托给某机构或某人养活、教育。

1989 年联合国出台的《儿童权利公约》明确规定："缔约国应向父母和法定监护人提供适当的帮助，以使其履行其抚养子女的责任，同时缔约国要

---

① 王忠民.幼儿教育辞典 [M].北京：中国大百科全书出版社，2004：3.

② 杜成宪."学前教育"与"幼儿教育"不同 [N].中国社会科学报，2012-08-22（ B01 ）.

③ 刘炎，等.美国学前一年教育教师队伍建设的现状与经验 [J].比较教育研究，2012（ 07 ）：1-14.

④ 中国社会科学院语言研究所词典编辑室.现代汉语词典 [M].北京：商务印书馆，2019：1334.

⑤ 中国社会科学院语言研究所词典编辑室.现代汉语词典 [M].北京：商务印书馆，2019：1603.

确保在发展托育服务方面做出努力。"也就是说，照顾儿童是国家和家庭不可推卸的责任，这是儿童应享有的权利。缔约国也相继出台了相关的儿童照顾政策，而托育服务是其中最重要的内容。[①] 美国儿童福利联盟提出，托育服务作为儿童福利的基本要素，为父母因身体、经济或工作等缘故不能亲自照料的学龄或学龄前儿童提供团体式或家庭式的托育服务，满足儿童的健康发展所需。

根据上面的表述和字面释义，我们可以将托育服务简单地理解为对有委托（托付）照料、教育孩子需求的家长和孩子提供服务。托育服务是本书的核心概念，关于此概念的细致辨析，将于下一章节予以详细分析。

（三）托育机构

为有委托（托付）照料、教育孩子需求的家长和孩子提供服务，需要有具体的承载者，即受托者或托育机构。从一定意义上来说，托育服务意味着婴幼儿的照顾方式由以家庭为中心的单独照顾转变为以机构为中心的团体照顾。

根据上述对托育服务概念的界定，可以将托育机构理解为经有关部门登记、卫生健康部门备案，为3岁以下婴幼儿提供全日托、半日托、计时托、临时托等托育服务的机构。[②] 托育机构分为托儿所、日托中心（早教机构）和看护点三种类型，托儿所是指为0～3岁婴幼儿提供全日制或半日制托育服务的机构，日托中心（早教机构）是指为0～3岁婴幼儿提供计时制托育服务的机构，看护点是指为0～3岁婴幼儿提供看护和照料服务的机构。

（四）教育政策

关于教育政策概念的界定，众说纷纭。日本筑波大学教育学研究会学者从教育政策属性的角度进行定义，认为"教育政策乃是实现教育目的的公共方策之体系"[③]；杨莉君认为："教育政策是政党、政府等政治实体在一定历史时期，为了实现一定的教育目标和任务而协调教育内外关系所规定的行动

---

① 田茂，王凌皓.台湾地区托育服务的功能及启示[J].现代教育科学，2017（03）：149-155.

② 刘欢.国家卫健委：支持用人单位在工作场所为职工提供托育服务[N].北京日报，2019-08-24（06）.

③ 筑波大学教育学研究会.现代教育学基础（第2版）[M].钟启泉，译.上海：上海教育出版社，2003：199.

依据和准则"[①]；郑新立也将教育政策视为国家基本政策的分支，认为："教育政策是一个政党或政府为教育事业的运行与发展所制定的规划、方针和原则"。[②] 以上观点均从静态角度将教育政策理解为各种相关文本或行为准则。

孙绵涛认为："教育政策是一种有目的、有组织的动态发展过程"[③]；美国学者泰勒等人根据教育政策的动态发展过程，将政策看成是一个循环的系统；黄明东认为："教育政策应该是动态的，是一个不断解决在教育实践活动中出现的问题的过程"。[④] 以上观点都比较关注教育政策的动态发展过程。

张新平从权力与利益分配的角度进行界定，认为教育政策是有关教育的整治措施，是教育权力和利益的具体体现[⑤]；吴遵民指出，教育政策是国家政权机关、政党组织及其他社会政治集团为了自身所代表的阶级或阶层的利益与意志，标准化地对一定历史时期内的政府的奋斗目标、行动原则、任务、工作方式、步骤和具体措施所做出的明确规定[⑥]；朱永坤将教育政策定义为政党和政府依据特定时期的目标，对教育利益进行调节和分配以解决教育问题并平衡教育利益的行动准则、规则、措施、工具、手段或过程。[⑦] 上述观点认为教育的本质体现的是对教育利益的分配。

刘复兴对教育政策的认识比较全面、深刻，他认为教育政策既可以看作是静态的政策文本的总和，又可以理解为是由制定、实施与评价组成的动态的过程，并且表现出分配教育利益的本质属性和区别于其他公共政策的自身特性。苏艳霞根据其他学者对教育政策的定义总结出自己对教育政策的定义，即由教育政策制定、实施、评价组成的持续的动态的过程，是作为教育政策主体的国家或政府在面对不同的利益主体分配教育利益时，所制定和实施的具有特殊性的政策性文本[⑧]，它较为全面和系统地描述了教育政策的定义。

综上所述，通过分析不同学者对教育政策的理解，本研究采用苏艳霞对教育政策概念的解读。

① 杨莉君.学前教育政策法规概论 [M].长沙：湖南师范大学出版社，2008：5.
② 郑新立.现代政策研究全书 [M].北京：中国经济出版社，1991：508.
③ 孙绵涛.教育政策学 [M].武汉：武汉工业大学出版社，2003：130.
④ 黄明东.教育政策与法律 [M].武汉：武汉大学出版社，2007：6.
⑤ 张新平.简论教育政策的本质、特点及功能 [J].江西教育科研，1999（01）：36-41.
⑥ 吴遵民.教育政策学入门 [M].上海：上海教育出版社，2010：9.
⑦ 朱永坤.教育政策公平性研究——基于义务教育公平问题的分析 [M].长春：东北师范大学出版社，2012：40.
⑧ 苏艳霞.教育政策与法规 [M].北京：北京师范大学出版社，2016：2.

（五）托育服务政策

托育服务起源于欧美社会中的宗教性慈善活动，最初的目的是帮助不得不外出工作的妇女照顾年幼的儿童，但随着全球妇女解放思潮的发展以及欧盟指令的签署，欧洲国家的托育服务由照看、养育和保育转向教育和保育并重，我国的情况也是如此。改革开放前的很长一段时期内，我国的政策文件中将托育服务称为"托幼"，而如今"托幼"用词向"托育"的转变顺应了世界范围内婴幼儿照护由纯粹的保育向保育和教育相结合的趋势。

托育服务主要面向 0～3 岁的婴幼儿，对象非常明确。托育机构是代替爸爸妈妈照护和教育婴幼儿的机构，托育服务主要是看护和保育，是学校教育的基础阶段，属于学前教育的一部分。[①] 因此，托育服务归根结底是一种教育，托育服务政策应当属于教育政策的范畴。

（六）幼有所育

党的十九大报告指出："坚持在发展中保障和改善民生。增进民生福祉是发展的根本目的。必须多谋民生之利、多解民生之忧，在发展中补齐民生短板、促进社会公平正义，在幼有所育、学有所教、劳有所得、病有所医、老有所养、住有所居、弱有所扶上不断取得新进展。"其中"幼有所育"的概念首次被提及，强调必须健全"幼有所育"等国家基本公共服务制度体系，促进改革成果的共享，使发展的成果惠及全体人民，用实际的政策解决年轻父母照看孩子的难题。中国的幼儿教育事业真正开始发展是在 2010 年颁布《关于当前发展学前教育的若干意见》之后，而 0～3 岁婴幼儿托育服务体系的构建尚处于起步的阶段。[②]2019 年我国颁布了《国务院办公厅关于促进 3 岁以下婴幼儿照护服务发展的指导意见》（国办发〔2019〕15 号），强调了对家庭婴幼儿照护的支持与指导，为 0～3 岁婴幼儿的照看提供了国家政策上的法律依据。

许慎在《说文解字》中说道："育，养子使作善也。"也就是说"育"不仅是给儿童提供衣食住行上的便利，还要教育孩子有善心、行善事，因此"幼有所育"强调的是为儿童提供安全舒适的环境，促进其健康苗壮地成长，同时还要对其行为进行引导，使儿童在良好的环境中发展自身的各项能力。

---

① 王忠民.幼儿教育辞典[M].北京：中国大百科全书出版社，2004：30.

② 姜勇.专题：建设"幼有所育"的公共服务体系[J].教育学报，2020（02）：34.

当前，许多学科领域的研究及改革成果表明，出生 1 000 天内是个体身心发展的关键时期，科学的、优质的早期教育不仅能够促进婴幼儿的健康成长和家庭和谐，还能提高女性生育率与就业率，促进经济社会的全面发展。[①] 因此，0～3 岁婴幼儿的托育服务直接影响着人口出生率和婴幼儿的健康成长。"幼有所育"事关广大家庭的和谐与幸福，家庭在婴幼儿健康成长的过程中发挥着决定性的作用，想要发展 0～3 岁婴幼儿的托育服务，首先要帮助家庭成员树立科学的育儿理念，为其提供科学的养育指导。同时，托育服务机构具有补充性的功能，肩负照看及教育 0～3 岁婴幼儿的责任，如培养婴幼儿良好的习惯等。家庭与托育机构的有机结合，构建了高质量的养育环境与能力发展环境，为实现"幼有所育"提供发展的基础。

在实施策略上，如果想实现"幼有所育"，就需要从以下几个方面着手。第一，需要提高全社会对学前教育，特别是 0～3 岁婴幼儿教育重要性的认识。第二，要有充足的学前教育资源。第三，需要配备相应的师资力量，提供针对婴幼儿的指导。第四，相关的财政支持需要到位，为托育服务的建设提供财政支持。[②]

（七）儿童早期发展（ECD）

我国通常将 0～3 岁看作婴幼儿早期的发展阶段，将 3～6 岁认定为学前教育阶段。英国通常将儿童早期的发展称为儿童早期教育与保育、儿童早期发展、儿童早期保育与教育或是儿童早期保育与发展。[③]1948 年，《世界卫生组织（WHO）宪章》对健康进行了定义："健康不仅要消除疾病和损伤，更要实现生理、心理和社会能力等综合素质的完好状态。"这个定义进一步拓展了健康的内涵与外延，主张人要想全面发展不仅需要拥有健康的身体，同时还要拥有健康的心理，因此儿童的健康成长包括生理健康与心理健康两个方面。儿童是国家的接班人，是人类繁衍及国家发展的后备力量，培养健康的儿童，促进其全面发展是当今社会发展及经济发展的战略目标。儿童早

[①] 洪秀敏. 新时代"幼有所育"的责任与使命 [J]. 教育发展研究，2018（08）：3.

[②] 虞永平. 幼有所育的基本支撑 [J]. 中国教育学刊，2019（02）：158.

[③] 洪秀敏. 婴幼儿托育服务机构设置标准的国际经验与启示 [M]. 北京：北京师范大学出版社，2019：33.

期发展（ECD）强调儿童体格、认知、社会适应及语言等方面的综合发展[①]，指出 0～3 岁是儿童成长与发展的重要时期，也被称为"机会窗口期"，儿童在这一时期需要良好的营养、早期的启蒙、各类疫苗的接种和充满关爱的环境，只有这样才能促进儿童大脑的充分发育，促进儿童各项潜能的发展。

联合国儿童基金会指出，为了促进儿童的早期发育，从受孕开始的 1 000 天之内，父母或其他看护人应该尽量提供以下条件来促进婴幼儿的发展。

第一，为孕产妇和儿童提供充足的营养；

第二，为孕妇和哺乳母亲提供社会心理支持；

第三，为儿童提供早期启蒙；

第四，为儿童提供安全、充满关爱的环境；

第五，预防接种；

第六，定期对儿童进行生长监测和发育筛查；

第七，及早发现可疑发育偏异并采取干预措施；

第八，为遭受暴力、虐待或其他社会和家庭问题的儿童提供支持性服务；

第九，为贫困儿童提供社会救助，这些儿童最容易面临发育迟缓的风险。帮助他们获得适当的社会救助可以促进其发育，打破贫困的代际传递。

（八）人口红利理论

人口红利属于经济学术语，是由美国学者大卫·布鲁姆和杰弗里·威廉姆森在 1998 年提出的。[②] 人口红利的典型特点是"两头小、中间大"，一般来说，处在人口红利期时劳动年龄的人口占总人口的比重大，社会抚养的比重小。当老龄化来临时，劳动人口规模开始缩减，社会抚养的比重增大，人口负债随之而来，人口红利随之消退。[③] 人口红利分为第一人口红利与第二

---

① 联合国儿童基金会（中国）. 儿童早期综合发展：0～3 岁 [EB/OL].（1998-05-09）[2021-06-12]. https://www.unicef.cn/reports/integrated-approaches-early-childhood-development-0-3-years.

② Bloom, Williamson. Demographic Transitions and Economic Miracles in Emerging Asia [J]. World Bank Economic Review , 1998（12）：112.

③ 管斌彬. 非零和博弈：延迟退休的利益之辩 [M]. 苏州：苏州大学出版社，2016：27.

人口红利。[①]

为了延缓老龄化，延长人口红利期，我国继全面放开二胎之后，又实施了全面放开三胎的政策，其目的是提高人口出生率。当前为了提高人口的生育率，国家已经提供了很多支持，发展托育服务就是其中一项。在社会主义制度下，我国社会、人口、经济增长呈现出其独特性，探索具有中国特色的发展道路是当前社会发展的重要任务。我国在应对人口红利时提出要实现"人口红利"向"人才红利"的转变，进一步强调了人才的重要性，而人才红利需要依靠教育来实现。

0～3岁是婴幼儿认识能力发展的关键时期，对未来劳动者的素质养成具有积极的意义，托育服务的发展直接关系到0～3岁婴幼儿的全面发展，对实现人口红利和人才红利具有积极的作用。[②]

三、研究意义

（一）理论意义

本书从托育服务的理论出发，全面阐述了托育服务相关的概念，阐释了托育服务与人口、经济、国家发展之间的关系，分析了西方先进国家的托育服务政策，全面梳理了我国托育事业的发展历史脉络，从而揭示了我国托育服务发展的现状，为进一步制定国家层面和深圳地区层面的托育政策提供了参考。目前，我国托育政策的制定者涉及多个部门，具体包括发展改革、教育、卫生保健、公安、民政、财政、人力资源社会保障、自然资源、住建、应急管理、税务、市场监督等，同时还涉及工会、共青团、妇联、计划生育协会和宋庆龄基金会等群团组织和行业组织，在这种多头治理的情势下，需要有一定的理论支持，方能制定出符合我国社会主义性质的托育服务政策，提高政策制定效率，促进政策的全面落实。本书通过分析深圳托育服务的现状，提出构建深圳托育服务政策策略，进一步指导深圳按照国家的方针政策，并结合自身优势来构建托育服务体系，扩大托育服务的范围，惠及深圳全体市民。

本书全面梳理了我国托育服务发展的历史脉络，指出托育服务的发展是

---

① 徐艳兰.湖北省人口老龄化对区域经济的影响[M].武汉：武汉大学出版社，2018：67.

② 李沛霖，王晖，丁小平，等.对发达地区0～3岁儿童托育服务市场的调查与思考——以南京市为例[J].南方人口，2017（02）：71-80.

伴随国家经济、社会的发展而发展的，当前的托育服务要求我们加快政策的制定，加快新生儿相关配套设施的建设，构建现代托育服务体系。本书还指出了托育服务不仅惠及全民、关注民生，同时还为 0～3 岁婴幼儿的全面发展提供了科学的教养理念及教养知识。

（二）实践意义

发展托育事业是实现"幼有所育"战略的重要举措，全面放开三胎政策的背后是我国的入托率仅为 4%[①]，与发达国家相比，水平较低。但是我国人民对托育的需求正在逐年上升，存在供不应求的问题，这就进一步导致大多数家庭产生不愿生育、不愿养育的现状。党的十九大报告提出了"幼有所育"的主题，将托育服务提到国家战略发展的高度，并且强调建立多元化的教育服务体系，这些举措为托育服务的发展指明了方向。

人口是推动经济发展的动力，一个国家或一个区域的发展离不开人的力量。毋庸置疑，人口红利制约着国家和区域的经济、政策、文化等方面的发展，如果要产生人口红利，就需要借助一些手段，包括出生率与人口流入两个方面。托育服务政策的完善及托育服务体系的全面建立将缓解城市家庭的养育难题，将提升适龄人群的生育愿望，提高人口的出生率。另外，人口的流入可能使高水平、高学历的人才流入城市，为城市的发展贡献力量。除此之外，发展托育服务也是促进人口聚集的重要举措，托育服务不仅能解决子女的照看问题，还能促进婴幼儿的全面发展，这样，流入的人口才能获得生活与工作上的良好体验，促进人才扎根城市，为城市的建设贡献自身的力量。

托育服务政策的确立进一步维护了教育公平与社会公平。教育公平是社会公平的一部分，是社会公平在教育领域的延伸与发展，随着社会的发展，教育公平也越来越受到人们重视。想要实现全民教育，0～3 岁婴幼儿阶段的教育同样不容忽视。根据儿童早期发展理论，0～3 岁是人生发展的黄金时期，可以为人的全面发展奠定基础，教育的起点应该是从出生开始的，有的专家甚至倡导教育要从母胎开始，因此，发展托育事业是刻不容缓的，是促进教育公平的有益尝试。这项事业具有长期性、持久性、变化性，需要结合时代发展背景，不断完善托育服务体系，以指导当前的托育工作。

[①]　胡西蒙.多源流理论视角下我国 0～3 岁婴幼儿托育服务政策变迁研究 [D].武汉：华中师范大学，2020.

四、研究方法

（一）历史分析法

历史分析法是运用发展、变化的观点分析客观事物及社会发展规律的一种研究方法。历史分析法强调事物会随着时间的变化而不断变化，只有分析不同历史时期事物的发展变化，才能抓住事物的本质，梳理事物发展的脉络，从根源上掌握解决问题的方法。本书在梳理托育服务的历史脉络时，全面分析了托育服务在不同时期的发展脉络，从起点梳理、探讨其变迁的动因及成效，分析其在特定历史条件下的逻辑与规律，从变迁与发展线索中找出推动托育服务发展的根本力量。发展托育服务需要政府主导，政府要积极发挥自身职能，鼓励社会力量投身托育服务事业，只有这样才能使托育服务在当前社会得到良性发展，促使更多的政策落地实施，使更多家庭共享发展成果。

（二）政策文本分析法

对政策的分析应该遵循政策的客观叙述，不对政策进行歪曲、过度的解读，通过地域性的政策来佐证宏观政策，促进不同的结论生成。政策文本分析法强调将文本与所处的时代、制度设计、政策实践结合起来进行分析与讨论，佐证社会上的相关事实，使政策得到科学的阐释。

（三）实证、问卷调查法

本书第五章主要运用实证、问卷调查法来调查深圳托育服务、托育机构及市民的托育需求，进一步分析当前深圳市托育事业的问题及现状，从而能够对托育服务的薄弱环节一目了然。

（四）比较法

本书列举了当前国外托育服务发展较好的国家，包括美国、英国、日本等，对国外各国的托育服务政策的实施主体、服务模式、财政支持、托育机构的准入资格及规范、托育师资队伍进行了全面分析。除此之外，本书还列举了国内的香港、澳门、台湾、南京、北京、上海的托育政策及发展现状，通过对托育政策的梳理，找到托育政策的发展模式及方向，便于读者借鉴现有的托育服务理念，运用科学的思维，构建良性的托育服务概念。

五、写作框架

本书共分为六章，结构特点为"总—分"关系，总述部分先叙述托育服务的相关概念，国际、国内的托育政策；分述部分通过实证、问卷调查法阐述深圳的托育现状，根据现状制定深圳托育服务政策。

第一章：托育服务基本理论概述，梳理了托育服务的概念、功能、意义，阐释了托育机构的分类及现状。

第二章：我国托育服务政策的历史演进，梳理了我国托育服务的历史脉络，并进一步阐述了我国托育服务的发展趋势。

第三章：国际托育服务政策体系概述，介绍了美国、英国、日本及其他国家的托育服务政策。

第四章：国内托育服务政策现状，对我国港澳台地区及南京、北京、上海的托育服务进行了分析。

第五章：深圳托育服务政策现状分析，通过实证、问卷调查法介绍了深圳市托育服务政策的现状、托育机构发展的现状、0～3岁婴幼儿托育服务定量及定性需求调查等内容，全面分析了深圳托育服务面临的问题。

第六章：深圳托育服务政策构建，针对上一章的问题，从制度、体系、行业发展、社区化、家庭托育五个方面来展开叙述，对深圳市托育服务政策的制定提出建议。

第一章　托育服务基本理论概述

第一节　托育服务的相关概念

时代的发展加速了社会结构的变化，目前托育服务在世界范围内已得到普遍重视，同时也成为儿童照顾与教育的重要课题。近年来，我国的托育服务在政府的积极倡导下得以进一步发展，并得到了法规、政策上的保障，同时一些城市积极发展托育服务，如上海、南京、深圳等城市的托育服务已走在全国前列，并逐渐与世界发达国家和地区接轨。托育服务的快速发展一方面离不开当地政府的积极倡导与推进，另一方面也离不开家庭养育观念的更新。那么，面对托育服务究竟是什么，托育服务的功能和意义是什么这些问题，在本书中有必要先对托育服务的相关概念进行梳理。

一、托育服务的定义

关于托育服务的定义，联合国将托育服务定义为"儿童在家庭以外接受的来自团体或机构的照顾和教育"[①]，我国学者对托育服务定义也有自己的理解。栾俪云、饶涛将儿童看护等同于儿童托育，认为托育服务概念的产生与经济、社会的发展以及城市化进程和家庭功能的改变息息相关，其实质是一种补充家庭亲职功能的儿童福利措施。[②] 按照目前学界普遍接受的定义，托育服务是指家庭正常但照顾功能不足或家庭照顾功能遭到破坏的婴幼儿，必须在一天当中的某个时间段离开父母，通过其他没有血缘和亲属关系的专业

[①]　胡西蒙.多源流理论视角下我国0～3岁婴幼儿托育服务政策变迁研究 [D].武汉：华中师范大学，2020.

[②]　栾俪云，饶涛.我国城市儿童看护服务缺失的社会学思考 [J].广东社会科学，2012（6）：200.

人员或机构进行暂时性、替代性照料或照看的机制或制度。[①]

从上述托育服务的基本定义中，我们不难发现托育服务指的是提供完整的能充分照顾婴幼儿起居、教育、学习的服务，"即当环境造成家庭正常但照顾儿童的功能不足时，儿童必须在一天当中的某个时间段离开父母及家庭的照顾，这时需要有组织化的服务以补充家庭照顾"。[②] 同时，托育服务是作为一种补充性的服务而存在的，托育服务意味着照看婴幼儿的方式从以家庭为中心转向以托育机构为中心，婴幼儿将由没有血亲关系的专业人员来照看。《中国社会工作百科全书》关于托育服务的定义是："补充父母的照顾与教养，在家庭外提供一段时间的组织化照顾、督导及发展机会，其组织与服务形态是多样化的。父母保有养育子女的主要责任，家庭仍是儿童生活的重心，托育服务则是由父母授权以完成父母不能亲自照顾时的任务。提供托育服务的有儿童发展中心、'启蒙计划'方案、育儿学园、托儿所、幼稚园、家庭式托儿、课前课后辅导、假期托育以及全日制托育中心等"。[③]

由以上定义得出，托育服务具有以下几个方面的意义。

首先，托育服务是作为一种补充性的服务而存在的。当前的社会家庭中，父母多为上班族，没有更多的时间照顾孩子，所以托育服务的出现就是为了弥补父母的照顾与教养的缺失，托育服务作为第三产业——服务产业而存在，以提供照看服务为主，具有广阔的市场发展前景。托育服务具有两大特性，第一个特性是组织性，是指经过国家相关机关审批的专门性、专业性的机构；第二个特性是补充性，是指为了弥补父母没有时间照顾子女的补充性的育儿服务。

其次，托育服务的形态呈现多样化。为了满足不同家庭的托育需求，目前0～3岁婴幼儿的托育服务主要分为政府主导型托育服务、市场主导型托育服务、企事业主导型托育服务三大类[④]，本章第三节将详细对这三大类托育服务进行介绍。将托育服务进一步细化，又可以分为保姆照看、家庭式托育、托儿所及托育中心照护，一些早教中心目前也设有托育服务性质的服务。托育服务之所以分为这么多类型，其目的是为了满足不同家庭的托育需

---

① 冯燕.托育政策与托育服务网络的建立 [J].社会政策与社会工作学刊，1998（2）：28.

② 冯燕.托育政策与托育服务网络的建立 [J].社会政策与社会工作学刊，1998（2）：26.

③ 陈良瑾.中国社会工作百科全书 [M].北京：中国社会出版社，1994：504.

④ 杨雪燕.0～3岁托育服务模式评估与发展建议 [N].中国妇女报，2018-06-05（005）.

求。有的托育服务虽属于同一个主办单位，但却以不同的形态（早教机构、日托中心等）存在，为不同的家庭服务，也呈现出多样化的特点。

再次，托育服务具有选择性。选择性具体指的是需要照顾子女服务的家庭可以根据自身的情况选择适合自己需求的托育服务形式和内容，其在选择时通常会参考自身的经济实力、托育服务质量、自身的托育要求等方面。

最后，托育服务具有完整性。托育服务最基本的内容就是照看婴幼儿，进一步讲，托育服务除了要满足基本的看护要求，还要包括对婴幼儿知识、婴幼儿的情绪发展、婴幼儿各项能力的发展、婴幼儿健康的关注及婴幼儿各种刺激的发展的培养。因此，托育服务包含一整套促进婴幼儿身心发展的完整方案，帮助婴幼儿在托育机构中得到照顾，同时发展其各项社会能力。在托育的一整套完整方案中，照顾及保护是托育服务最基本的保障，而与教育相关的托育服务则是附带功能。随着时代的变迁及家庭需求的变化，现代托育服务在早期看护功能的基础上不断拓展，其服务更加系统与全面。

二、托育服务的目的

美国素有"儿童天堂"之称，这一美誉的获得是与其一贯重视儿童福利和婴幼儿的托育服务密切相关的。1909 年罗斯福总统召开白宫儿童会议，1912 年成立联邦儿童局，1920 年成立美国儿童福利联盟……1965 年制定与实施了婴幼儿"早期开端计划"（Early Head Start）等，这些举措均直接推动了美国婴幼儿托育服务的发展。[①] 特别是美国儿童福利联盟（Child Welfare League of America）于 1969 年推行的《儿童托育服务标准》广为儿童福利界接受，同时也成了日后众多地区政府设计托育规范的依据。因此，本章节谈及托育服务的目的时，便以此为参照，并在此基础上对我国托育服务的目的进行探讨。

（一）美国儿童福利联盟拟定的托育服务目的

美国儿童福利联盟制定的《儿童托育服务标准》对托育的定义是："托育是儿童福利中，设计以补充家庭功能的机构，提供日常照顾、卫生督导以及完成儿童最佳发展所需的各种经验。任何形式的托育服务，都应设计成发展性的服务，以培养儿童生理、情绪、智能及社会发展各方面的潜能。"从

---

① 姚建平，朱卫东. 美国儿童福利制度简析 [J]. 青少年犯罪问题，2005（05）：57-58.

这种定义中，我们不难看出其托育服务的主要目的：①

第一，补充性目的（supplementary purpose）。托育服务的目的在于补充父母对儿童照顾、保护与发展的需求的不足，因此，任何形式的服务都必须具备发展性与组织性。在发展性的托育设计下，补充性目的不仅可以提供良好的环境来激发儿童身心、情绪、智能、社会及文化的潜能，还可以帮助整个家庭成员追求自主性与灵活性，完善家庭对婴幼儿的照顾与教育。

第二，预防性目的（preventive purpose）。托育服务也是一项预防性的服务，支持家庭养育儿童，帮助家庭处理矛盾并缓解养育压力，加强家庭与儿童的联系，避免家庭破碎。

第三，治疗性目的（therapeutic purpose）。托育服务也是一项治疗性服务，其目的在于协助心理受创的家庭，解决中断教养、虐待、贫穷、流离失所、文盲、暴力、犯罪、家庭危机等问题，维护婴幼儿的健康成长。托育服务也可以用来协助身心障碍儿童的治疗，如托育机构可以为发展迟缓、被虐待、被忽视的婴幼儿提供专门的训练。

根据《儿童托育服务标准》制定的服务目标我们可以看出以下几点。

（1）托育服务的目标是为每个婴幼儿提供促进其健康、快乐成长的场所及环境，创造有利的机会与条件，使婴幼儿各方面都能得到发展，有计划地组织各项活动，引导婴幼儿与周围的环境发生交互作用，促进其各项能力的均衡发展。

（2）托育服务和幼儿园一样也会开设简单的课程，根据婴幼儿的身心发展情况促进儿童经验与机会的发展，为婴幼儿各项能力的全面发展奠定基础。在实施服务的过程中，需要在日常生活中对婴幼儿的举止、行为进行规范，让其养成正确的行为习惯。在教育的过程中，加强婴幼儿与伙伴、成人之间的互动，使其获得相应的人际交往及交流经验，促进其交往能力的进一步发展，并使婴幼儿对规范性的行为及礼貌用语产生兴趣且尝试使用。

《儿童托育服务标准》中托育服务的具体目标见表1-1。

---

① 林秀锦.美国的早期保育与教育[M].南京：江苏教育出版社，2006：102-103.

表 1-1　托育服务的具体目标

序号	具体目标
1	为婴幼儿提供一个相对安全的环境，满足其成长的需要，促进其身心健康发展
2	基于对婴幼儿的照顾，与婴幼儿的父母形成伙伴关系，共同促进婴幼儿的成长
3	遵循婴幼儿的差异性，建立婴幼儿个性发展模式
4	针对儿童的发展情况提供服务，特别是满足其陪伴及文化需求的服务，并且需要定期提交评估报告
5	培养婴幼儿在相应年龄段的各项能力，促进婴幼儿之间、婴幼儿与成人之间各项联系的发展
6	培养儿童的高级能力，包括自信心、爱心、好奇心、创造力、自律能力等
7	提供家庭的多样化的托育服务，为婴幼儿提供支持性服务，并且最大限度地提供优质服务，促进婴幼儿健康成长

（二）我国托育服务的目的

2019 年我国发布了《国务院办公厅关于促进 3 岁以下婴幼儿照护服务发展的指导意见》，提出："到 2025 年婴幼儿托育服务的相关政策、法律法规及标准规范体系基本构建完成，呈现多样化、多元化的特点，婴幼儿的托育服务水平将明显提升，不同的托育需求将得到较大的满足。"

《托育机构管理规范（试行）》中指出，"托育机构需要实施备案管理、收托管理、保育管理、健康管理、安全管理、人员管理、监督管理等，坚持儿童优先的原则，在尊重婴幼儿成长特点及规律的前提下，最大限度地保护婴幼儿的安全与健康。"

为了指导当前的托育服务，更好地规范托育机构的托育服务，促进婴幼儿的全面发展，国家卫健委印发的《托育机构保育指导大纲（试行）》规定了托育机构所要提供的托育服务，涉及营养与喂养目标、睡眠目标、生活与卫生习惯目标、动作目标、语言目标、认知目标、情感与社会性目标，见表 1-2。

表1-2 托育机构所提供的托育服务目标

序号	类别	具体目标
1	营养与喂养目标	获取安全、营养的食物，达到正常生长发育水平； 养成良好的饮食行为习惯
2	睡眠目标	获得充足睡眠； 养成独自入睡和作息规律的良好睡眠习惯
3	生活与卫生习惯目标	学习盥洗、如厕、穿脱衣服等生活技能； 逐步养成良好的生活卫生习惯
4	动作目标	掌握基本的大运动技能； 达到良好的精细动作发育水平
5	语言目标	对声音和语言感兴趣，学会正确发音； 学会倾听和理解语言，逐步掌握词汇和简单的句子； 学会运用语言进行交流，表达自己的需求； 愿意听故事、看图书，初步发展早期阅读的兴趣和习惯
6	认知目标	充分运用各种感官探索周围环境，有好奇心和探索欲； 逐步发展注意、观察、记忆、思维等认知能力； 学会想办法解决问题，有初步的想象力和创造力
7	情感与社会性目标	有安全感，能够理解和表达情绪； 有初步的自我意识，逐步发展情绪和行为的自我控制； 与成人和同伴积极互动，发展初步的社会交往能力

第二节 托育服务的功能及意义

一、托育服务的功能

功能是指事物或方法所发挥的有利作用或效能。对于托育服务来说，为有照护婴幼儿需要的家庭排忧解难，并在此基础上提供必要的相关服务，这是我国托育服务最基本的功能。伴随着社会经济的不断发展，人们已充分认识到婴幼儿保育教育的重要性，家庭对托育服务的需求也呈现出了多样化的需求，与此相适应，托育服务必须在履行其基本功能的基础上不断拓展其他保育教育功能。优质的托育机构不仅能满足婴幼儿基本的生理需求，还能提高婴幼儿在发展过程中的各项能力。当然，托育服务的发展还可进一步促进相关行业的发展及产业链的产生，从而提高就业率。因此，托育服务的功能具有多样性，主要表现在以下几个方面。

（一）家庭看护婴幼儿的补充功能

现代育儿理念强调：要成为合格的父母，需要"持证上岗"，即成为父母需要学习亲职教育相关的知识。亲职教育强调父母的意义及责任，确定了父母在家庭中扮演的角色，主张将父母看成一项专门的职业，该职业的主要任务是养育及教育子女，涉及的工作包括接纳子女、对子女坦诚、理解子女，给予子女成长空间及必要的关怀，亲职教育还涉及生理学、卫生学、人才学、社会学、教育学等相关的知识，综合考量了父母的各项能力。除了以上照顾儿童的职能外，亲职教育还强调要学习夫妻相处之道、促进亲子关系的融洽，树立对家庭之外教育支持的正确观念等。

在当代社会，父母的工作强度较大，无法照看孩子。因此，父母需要依托各类托育机构来照看婴幼儿，其亲职功能在一定程度上出现了弱化，但同时也推动了托育服务协助父母照看婴幼儿的补充功能的发展。托育服务作为家庭照看的补充功能，促进了婴幼儿在体格、智力、习惯、情绪及社会能力等方面的全面发展。

（二）促进婴幼儿全面发展的功能

0～3岁是人发育最快的阶段，这一阶段的成长与教育非常重要。有研究表明约三分之一的弱势儿童存在一个或多个发育缓慢的问题，例如沟通不畅、解决问题能力差、社交障碍、认知功能缺陷等，如果不及时调整，就会影响以后的学习与生活，从长远来看还会影响家庭及社会的发展。因此，各国历来对0～3岁这一阶段非常重视。托育服务提供了婴幼儿发展的各种环境及教育支持，在充分遵循0～3岁婴幼儿身心发展规律的基础上，促进其养成良好的习惯，同时注重婴幼儿的健康管理，包括增强锻炼、改善饮食、营养搭配、避免意外伤害等。同样，托育服务还能够积极促进婴幼儿语言、能力、动作、智慧、情绪等方面的发展，为其以后的发展奠定了良好的基础。

托育服务作为家庭的辅助功能，以儿童发展为重点，促进其全面发展。

（三）促进服务资源整合的功能

目前，我国0～3岁婴幼儿人数已经超过4 700万[①]，随着二胎、三胎的全面放开，家庭养育与工作之间的矛盾也越来越凸显，家庭在抚养子女方面面临的主要问题是抚养成本高、无人照看、职业提升受阻等，这些问题成为大多数家庭的共性问题，近几年还引起社会各界的广泛关注。托育服务作为一项综合发展的业务，可以连接教育、卫生、福利等相关的服务资源，促进服务资源的整合，同时也是连接千家万户的重要窗口，其作为一项解决广大家庭养育难题的服务而存在，具有积极的意义，为构建社会托育服务体系提供了参考。

二、托育服务的意义

随着时代的发展，居民的收入明显提高，父母的育儿理念、亲职理念也进一步提升，越来越多的家庭除了要解决基本的照料问题外，还有了强化教育的需求。如今"80后""90后"成为生育的主力军，他们更加注重孩子的早期教育与全面发展，而托育服务则很好地解决了家庭教养婴幼儿的问题。一方面，托育服务可以促进儿童在良好的环境下健康成长；另一方面，托育服务也能通过教育促进婴幼儿各项能力的发展。因此，广大家庭更倾向于将婴幼儿送到托育服务机构，这样既可以兼顾事业与家庭，还能促进婴幼儿的全面发展，具有积极意义。接下来我们从微观和宏观两个方面对托育服务的意义进行分析。

（一）宏观意义——托育服务能够促进公共服务的发展

第一，托育服务的发展能够促进城市的发展，是未来人力资源的重要保障。

城市的发展需要人口的推动，人口的支持可以为城市的发展带来强劲的动力，实现城市的可持续发展。目前，中国的人口红利期正处于由鼎盛走向衰落的阶段，急需提升人口的出生率。一方面，要实现人口红利就需要提高城市的生育率；另一方面，要积极实行人才引进政策，促进人口的增长。托

---

① 我国3岁以下婴幼儿人数超过4 700万 如何发展普惠托育服务体系？[EB/OL].（2020-03-26）[2021-10-08].https://henan.china.com/edu/info/2021/0326/2530162098.html.

育服务的进一步发展不仅能促进生育率的提升，还能解决孩子教育的问题。其他城市的人才为了给子女提供优越的托育与教育，也会向托育与教育发展较好的城市涌入，对人口的增长有积极的作用。托育服务的发展在很大程度上减轻了家庭的养育负担，有效缓解了因工作与照顾子女而产生的矛盾，提高了人口出生率；完善的托育服务还能吸引更多的青年人才来当地工作与生活，为城市的发展带来人才资源，进一步促进了城市的可持续发展。

第二，托育服务的发展助力全面放开三胎政策的实施。

伴随着三胎政策的全面实施，相关的配套设施需要进一步完善，服务质量也需要不断提升，但当前的配套设施水平较低，托育服务开展较为缓慢，这些问题成为政策实施的桎梏。许多家庭面临的问题是家中的孩子无人照顾、抚养的成本高等，其中最突出的问题是孩子无人照顾，因此我国的公共服务功能，尤其是托育服务功能需要得到进一步发展。党的十九大提出了"幼有所育"的重要概念，标志着婴幼儿的托育服务已经由私人领域转向公共领域，这一转变进一步促进了托育服务构建主体的多元化、性质的多样化、服务的灵活化。三胎政策要想全面实施，相关的托育服务配套设施就需要加快建设，积极提供优质的服务。

第三，托育教育的发展是促进社会公平、教育公平的重要表现。

教育公平是社会公平在教育领域的延伸与发展，教育公平是社会公平"最伟大的工具"，教育公平有助于实现社会公平。教育公平不仅体现在儿童、少年、成人身上，还包括婴幼儿，任何人不能剥夺其受教育的权利。托育服务有助于家庭解决看护、教育问题，促进家庭和谐与社会和谐，从长远来看，它还是促进实现教育公平与社会公平的重要力量。发达国家一直强调托育的重要性，将其当作战略目标来实施，完善托育服务的相关内容，将托育服务纳入政府的公共服务体系。托育服务的发展体现的公平表现在以下几个方面：首先，托育服务进一步促进了科学教养理念的发展，使婴幼儿能够健康成长；其次，托育服务也进一步减轻了父母的压力，能够促进其身体与心理的健康发展；最后，婴幼儿托育服务还进一步促进了社会公平及教育公平的发展。

（二）微观意义——托育服务能够促进0～3岁婴幼儿的全面发展

第一，培养婴幼儿早期的自理能力。

0～1岁是孩子生长的口唇期，这个阶段是培养婴幼儿健康人格的第一步；1～3岁是"肛门期"，这个阶段要开始培养婴幼儿大小便的习惯，此外 1～3 岁还是培养婴幼儿自主进食的关键时期。① 在这一时期，需要对婴幼儿开展以下教育。

首先是如厕教育，托育机构在这方面与家庭照看有着巨大的区别，婴幼儿在家里时，父母通常会频繁询问孩子是否大小便，所以这一阶段的婴幼儿大多数处在被动大小便的状态，这便不利于婴幼儿养成主动大小便的习惯。托育机构中则有专业的育婴师，教育婴幼儿如何脱裤子、洗手等，适当地引导孩子主动表达如厕的意愿，帮助婴幼儿养成良好的如厕习惯。

其次是进食教育，在托育机构中，专业教师会训练婴幼儿正确地使用餐具，培养孩子的用餐习惯。

最后是睡眠教育，在托育机构中，婴幼儿睡眠的时间是固定的且睡眠的时间安排得很合理，能保证婴幼儿有充足的睡眠，使婴幼儿养成良好的睡眠习惯。

第二，促进婴幼儿的大脑发育。

0～3 岁是婴幼儿大脑发育最快、敏感期最为集中的阶段，是孩子生长发育的机会之窗，是孩子获得智慧的最佳时机。在生命最初的几年，若能够为孩子提供一个营养丰富的外部环境，同时又有能够给予其正确引导的成人（老师 / 家长），可达到事半功倍的教育效果，为孩子日后各方面的正向发展打下坚实的基础。婴幼儿的父母双方需要工作，传统的祖辈看护模式缺乏科学性，所以托育机构成为促进婴幼儿大脑发育的理想之选。托育机构中还有其他的婴幼儿，群体生活为婴幼儿能力的培养提供了情境。

第三，促进婴幼儿社交能力的形成。

托育机构中多是集体生活，有众多的同龄人及幼儿老师，这就为婴幼儿创造了较好的社交场景，能够促进婴幼儿的社交能力及独立生活能力的发展，进一步锻炼其自理能力。婴幼儿在这样的情景下，可以学会主动交往，形成坚强、喜欢社交、开朗的性格，为能力的继续提升奠定了基础，使婴幼儿能够稳定地度过幼儿园时期，不会出现幼儿园入学恐惧症等问题，能很好地适应幼儿园生活。

第四，较好地平衡了事业与家庭之间的矛盾。

因为婴幼儿需要照看与关爱，母亲会投入较多的时间，所以常常会中断就业或长期请假，造成女性职业生涯的断层，许多适龄生育的人群选择不再生育。2016 年二孩政策全面放开，中华全国妇女联合会家庭和儿童工作

---

① 任榕娜.宝宝的七年"性成长"[J].家庭医学（下半月），2014（06）：8.

部对北京市、辽宁省等十个城市的 0 ～ 15 岁孩子的父母展开了调查，调查显示，有生育二孩意愿的人数仅占 20.5%，不打算生育二孩的人数占 53.3%，尤其在城市，由于资源、成本等问题，养育二孩需要付出更大的代价。[①] 托育服务机构的产生，不仅满足了照看婴幼儿的需求，同时还能通过教育使孩子的各项能力得到提升，暂时缓解了女性事业与家庭之间的矛盾，进一步释放了女性的压力，促进了家庭的和谐。

第五，减少与长辈在抚养问题上的冲突。

新一代父母的育儿观念与长辈的育儿观念差异较大，经常发生冲突。老人育儿观念落后，一般会隔代溺爱，对婴幼儿表现出较多的耐心；年轻一代的父母虽然在观念上比较先进，但缺乏耐心且难以平衡事业与养育之间的关系。托育服务机构具备科学的育儿方式，能为婴幼儿提供良好的成长环境，在一定程度上减少了父母与长辈在抚养问题上的冲突。

第三节　托育机构概述

按照联合国对托育机构的定义，家庭正常照顾儿童的功能不足时，儿童必须于每天中的某段时间离开父母及家庭的照顾，需要组织化的服务以补充父母的家庭照顾职责，托育机构正好可以提供这种服务。

一、托育机构分类

（一）按照收托环境的不同划分

总体上来讲，托育服务根据收托环境大致可以分为两大类型：一类是机构式托育服务，另一类是家庭式托育服务。[②]

机构式托育服务是一种最常见的托育服务类型，通常大规模收托 0 ～ 3 岁婴幼儿，收托时间固定，以提供集中化托育服务的日托中心、托儿所、看护点等为主，也有一些提供个性化服务的托婴中心或照顾新生儿的月子中心。家庭式托育服务通常收托人数不超过 4 人，婴幼儿年龄相对较小，收托时间灵活，分布地点主要集中在婴幼儿居住的小区内，也有家庭托儿所或育儿嫂。

---

① 苏盟盟 . 全面二孩政策对女性职业发展的影响研究 [D]. 大连：大连理工大学，2017.
② 娇佳凝 . 城市家庭婴儿托育服务模式与品质的需求研究 [D]. 沈阳：沈阳师范大学，2019.

第一，机构式托育服务的形式。

托育机构分为托儿所、日托中心（早教机构）和看护点三种类型[①]，托儿所是为 0～3 岁婴幼儿提供全日 / 半日制托育服务的机构，日托中心（早教机构）是为 0～3 岁婴幼儿提供计时制托育服务的机构，看护点是为 0～3 岁婴幼儿提供看护和照料服务的机构。

托儿所（含幼儿园托班）主要收托 0～3 岁的婴幼儿，是专门照顾和培养 0～3 岁婴幼儿生活和能力的地方，也指由受过训练的服务人员临时照顾和看护 0～3 岁婴幼儿的机构或地方。托儿所一般提供全日制托育服务，有的兼有寄宿制托育服务，是目前我国城市公共托育服务的主要形式。近年来，随着独生子女家庭的日渐增多，专门收托 0～3 岁婴幼儿的托儿所数量明显减少。在"托幼一体化"的背景下，一些幼儿园在原有的小、中、大班之外，增设小小班或婴儿班、托班，肩负起了托儿所的服务职责。

日托中心（早教机构）与托儿所的性质类似，日托中心以非营利性机构居多，将重点放在照顾和看护婴幼儿上。一般来说，日托中心在教育方面的内容比较少，大部分教师未受过系统的专业训练，服务对象以 0～3 岁婴幼儿中的大龄者为主，一周 5 天，大部分婴幼儿接受全日制的托育照顾。早教机构则多以营利性为主，大部分接受半日制的托育照顾，需要家长陪同，以发展婴幼儿的某种技能为主要目的。

看护点形式比较灵活，一般招收附近社区的婴幼儿，通常以生活看护为主，辅以一定的教育教学活动，形式有全日制、半日制、临时制等。婴幼儿在所时间一般为 6～8 个小时，为方便家长，一些看护点会延长婴幼儿在所的时间，允许婴幼儿临时在所留宿。看护点周末对家长开放，并且大多数的看护点采取随时收生的制度，方便婴幼儿入托。看护点的收费相对较低，生源以来自中低收入家庭的婴幼儿为主。

第二，家庭式托育服务的形式。

家庭托儿所也叫家庭幼儿园，有的家庭不满足传统幼儿园的教育方式，希望给予孩子更多的关怀与自由，让婴幼儿在宽松的环境下快乐成长，这便产生了家庭式托育服务，家庭式托育服务最大化地满足了小区周围家庭托管孩子的需求。家庭托儿所有简单的设施及玩具，照看特定数量的幼儿，负责托育的人员可以根据家长的期望有针对性地进行个性化培养，这样的托育模

---

① 石智雷.大城市 3 岁以下婴幼儿照护方式及机构照护需求研究 [J].人口学刊，2020（05）：21.

式不仅满足了家长的教育理念，还节省了托育费用，为儿童成长提供定制化服务，满足了不同家庭的需要。

育儿嫂也叫育婴嫂，同样是常见的现代家庭托育方式，育儿嫂是经过专业培训取得育婴员证书的人员，对婴幼儿提供一对一的服务，属于个性化定制的服务，通常上班的地点是在客户的家中，也有少数在培训机构上班。育儿嫂的日常工作是对婴幼儿的照料，给婴幼儿进行抚触、洗澡，训练婴幼儿的大动作及精细动作，促进婴幼儿触觉、嗅觉、视觉、听觉等方面的培养。育儿嫂对 0～3 岁婴幼儿的发育情况较为了解，能在不同的阶段给予其相应的训练，具备照顾婴幼儿的专业知识，因此育儿嫂的收费较高。

（二）按照托育机构的性质划分

根据举办机构和经费来源的不同，我国的托育机构可以分为三大类。[①]

第一类为政府主导的托育服务机构，包括以下两种形式。一种是政府直接提供的托育服务，这种形式是指通过设立公办幼儿园托班向社会招收婴幼儿，提供相应的托育服务。另一种形式是政府购买专业服务，其性质是"公建民营"，即由政府提供场地，通过购买服务来进行托育服务，上海市杨浦区五角场社区幼儿托管点就是采取的这种形式。

政府主导的公办幼儿园，其各项资质齐全，硬件设施也是经过部门层层验收的，具有较强的安全性，园舍的建设，相关的安全、消防等都符合标准。所配备的教师具有专业性，是公开招聘录用的，老师的整体水平较高。

第二类为私人或企业主办的符合政府办学标准、经费独立、自己管理的盈利性的私立性质机构，主要形式是民办幼儿园。民办幼儿园分为普惠性幼儿园与非普惠性幼儿园，私立的普惠性幼儿园在硬件和软件上都符合国家的标准，设施设置规范，但是普惠性幼儿园的师资力量没有公办性的托儿所强。有些非普惠性的私立幼儿园较为高端，通常以国际化标准来提供托育服务，其设施配备精良，拥有国外的托育理念，其教师团队也较强，多数幼儿园配备外教，有的幼儿园还设有高尔夫球、马术等教育项目，费用较高。

第三类为企业、事业单位提供的托育服务，也分为三种形式。第一种形式为企事业单位直接提供场地、资金等自建的托育服务，如上海市总工会建立的"职工亲子工作室"。第二种形式为企事业购买专业服务，如开办亲子工作室。第三种形式为公益性的托育服务。在过去的计划经济体制下，我国

---

① 杨雪燕.中国 0～3 岁婴幼儿托育服务实践模式评估 [J]. 人口学刊，2019（01）：6.

0～3岁婴幼儿托育机构实行的是以机关或企事业为主体的福利供给制度，机关或企事业单位免费或以极其低廉的价格为职工提供福利性、公益性的托育服务。比如，厂矿企事业单位以部门福利方式举办的托儿所、城市街道及乡村集体兴办的面向周边社区0～3岁婴幼儿的托儿所等。随着市场经济体制改革的不断深入，公办托育机构和托育服务的发展明显遇阻，甚至出现了倒退的现象。与此相反，我国的幼儿托育服务开始了一个明显的市场化过程，国家和企业从幼儿领域逐渐退出，市场化的幼儿托育服务机构的比例快速上升。

（三）按照托育机构的管理模式划分

托育机构的管理模式主要分为以下三种。[1]

第一种模式是根据年龄将托育分为两个阶段，3岁以前的托育由健康、社会或福利部门负责，3岁之后则归教育部或文化和旅游部负责，实行这种模式的国家有日本、法国、比利时、意大利、瑞士等。

第二种模式是婴幼儿从出生至入学前的托育服务均由同一部门负责，这个部门通常是健康和社会福利部门，实行这种模式的国家有荷兰、瑞典、德国、挪威等。

第三种模式是婴幼儿从出生至入学前的照顾和教育有两种或两种以上的平行体系，一个体系强调照顾的功能，另一个体系强调教育的功能。强调照顾功能的机构归健康、社会或福利部门管辖，强调教育功能的机构归教育部门管辖，实行这种模式的国家有英国、美国、加拿大、以色列等。

二、托育服务机构的现状

当前，我国0～3岁婴幼儿的入托率偏低，超过八成的婴幼儿父母有着托育的需求，但目前我国的托育服务机构数量较少，且托育服务机构的服务质量也存在差异，社会力量兴办托育机构的积极性较低，与发达国家相比，我国托育服务在整体上呈现低水平。我国的托育服务机构的状况与主要问题表现在以下五个方面。

---

① 贺修炎.托育服务机构设置与供给需求研究[M].北京：中国商业出版社，2021：228-230.

（一）相关的托育服务机构数量较少，入托率低，需求量大

目前，我国托育行业的现状是婴幼儿家庭由于无人照顾、养育观念不一致等问题，迫切需要托育服务的支持。然而，就目前的托育服务机构来说，公立的托育机构较少，没有足够的空间接纳太多的婴幼儿，而市面上的托育服务机构通常成本较高，一般收入的家庭会望而却步，这就导致供求关系的严重失衡。根据 2017 年发布的《0～3 岁儿童托育服务行业白皮书》，我国0～3 岁婴幼儿在各类托育服务机构中的入托率为 4.1%，城市 3 岁以下儿童的入托率不到 10%，而发达国家 3 岁以下婴幼儿的入托率在 25%～55% 之间。[①] 由此可见，我国的托育水平较低，亟待发展。

（二）公共托育服务缺乏，以家庭照看为主

在经历了企事业单位托育机构及公共托育服务集中停办之后，婴幼儿基本上依靠家庭照看，有的是父母亲自照看，有的是隔代照看。市面上的托育机构的数量较少，且存在诸多问题，如相关的资质缺少、设施不合格等，需要规范引导。

目前，市面上的托育机构的质量良莠不齐，收费标准也存在差异，需要国家出台相关政策进行规范。一些公立的托育服务机构较少，许多家长希望孩子上公立托儿所，但名额有限，入托有较大困难。不仅 0～3 岁的婴幼儿入托困难，3～6 岁的幼儿也面临着这个问题，因此公立幼儿园需要进一步扩大其范围和规模。

（三）0～3 岁托育服务需求与服务供给差距大，供需矛盾突出

目前，广大家庭对婴幼儿托育服务需求大、要求高，而托育供给特别是公立的、规范有质量的托育机构明显不足，近年来我国 0～3 岁婴幼儿的托育需求与服务供给的矛盾日益突出。

上海市妇女联合会 2017 年初的调查显示，88% 的上海户籍家庭、超过10 万的 2 岁儿童需要托育服务，而上海市集办系统与民办系统合计招收幼儿数仅为 1.4 万名，相差甚远。[②]2016 年，中国人口与发展研究中心的"城

---

① 庞丽娟，王红蕾.有效构建我国 0～3 岁婴幼儿教保服务体系的政策思考[J].北京师范大学学报（社会科学版），2019（06）：38.

② 陈敏睿，洪秀敏.城市地区推进婴幼儿托育服务的经验及建议——以南京市与上海市为例[J].幼儿教育，2019（10）：32.

市家庭 3 岁以下婴幼儿托育服务需求调查"表明，将近 32.9% 的母亲表示，如果有规范的、有质量保障的婴幼儿托育服务，将会重新就业。

综上所述，我国需要尽快构建 0～3 岁婴幼儿托育服务体系，需要有效加强婴幼儿公共托育服务资源供给，满足现代家庭对有质量的托育服务的刚性需求，缓解婴幼儿入托难的问题。

（四）托育服务机构布局空白甚多，就近入托任重道远

我国各地托育资源严重缺乏，布局普遍不合理，当前建设就近、便利的婴幼儿托育服务是广大家长特别是双职工家长热切期望的，需要加快建设的步伐。

因此，我国需要大量增加机构供给，布点要更多、更密。上海市卫生健康委、上海社会科学院城市与人口发展研究所在 2017—2019 年开展的"上海市 0～3 岁婴幼儿养育现状与公共服务需求研究"表明，90.99% 的家长希望托育机构设在社区附近，5.65% 的家长希望设在单位附近。因此，在构建和拓展 0～3 岁婴幼儿托育服务体系的同时，政府需要统筹谋划、合理布局，充分考虑人民群众就近入托的需求。

（五）托育行业缺乏规范和监管，隐患突出

目前，我国尚未建立 0～3 岁托育服务机构的准入标准和服务标准，督导评估及退出机制等处在缺失状态，行业整体缺乏有效的规范与监管。

0～3 岁托育服务机构在准入资质、服务标准、托育及各类人员资质、课程质量、卫生安全、收费、园所环境等方面，尚缺乏有效的规范，需要加快制定新的准入标准与服务标准。

同时，0～3 岁托育服务机构的支持机制、保障机制、指导机制、督导评估制度、奖惩机制以及退出机制等尚处于缺失状态，缺乏有效的政策引导和监管制度，现有的托育机构与服务质量良莠不齐，需要加强管理，促进其规范化发展。公立机构因有政府的财政投入，并且在政府与有关部门的管理体系内，师资队伍、教保服务质量通常较好。大多数的托育机构是由个人、社会力量等举办的，这些机构不仅收费高，而且存在着人员资质、举办行为、托育与服务质量不规范等问题。当前，政府需要出台一系列的政策进行规范与监督，消除托育隐患，促进托育服务的快速发展。

三、托育机构与幼儿园的区别

托育机构与幼儿园虽然都有照顾儿童的功能，都能促进其身心发展，但二者有很大的差别，主要表现在以下几个方面。

第一，托育机构主要接纳0～3岁的婴幼儿。0～3岁的婴幼儿与3～6岁的儿童在生理及心理上有很大的不同，0～3岁的婴幼儿需要更多的照看。因此，托育服务需要加快实现"医教融合""保教合一"，需要对0～3岁的婴幼儿开展精细化管理，在安全、卫生、健康、成长上提供更好的照看与教育服务。

第二，托育机构的教师与幼儿园的教师也存在差异。当前，高校的学前教育专业主要培养的是面向3～6岁的幼儿教育的师范生，并没有专门的托育教育专业。开展托育服务之前，这些师范生要经过一段时间的专业培训，实现"托"与"育"相结合的目的。在托育服务工作中，托育人员需要与婴幼儿建立亲密感、安全感，要对婴幼儿开展一些习惯的培养与能力的挖掘，促进0～3岁婴幼儿的全面发展。

第三，在环境上也存在着差异。托育机构的环境旨在塑造一个放松、安全、满足的氛围，室内活动与室外活动相结合，使婴幼儿保持规律的作息、养成基本的行为习惯，在此基础上发展其各项能力。因此，托育服务的建设首先是"家庭关爱"式的，而幼儿园中的儿童已经养成了简单的行为习惯，处在强化的阶段，这一时期应当更加注重儿童各项能力的发展。

本章小结

托育服务作为家庭照护的补充性服务具有积极的意义，它能解决家庭与事业的矛盾问题，进一步促进家庭的和谐与社会的发展。同时，托育服务在照看的基础上加入了教育功能，使婴幼儿可以在良好的环境下得到全面的照顾，促进婴幼儿自理能力、大脑发育、社交能力等全面发展。托育服务的发展不仅能够助力城市人力资源，推动全面三胎政策的实施，促进生育率的提升，为城市的建设提供源源不断的力量，还进一步展现了教育公平及社会公平。

目前，托育服务存在较多的问题，主要有托育机构较少、供求关系失衡等，政府当前的任务是尽快出台托育服务相关的政策，制定行之有效的方法来发展托育服务，实现托育服务供求关系的平衡。

第二章　我国托育服务政策的历史演进

第一节　我国托育服务政策的发展历史

一、第一阶段——改革开放之前的早期教育

1978 年之前的托育服务主要是为了解放女性劳动力，但也客观地促进了婴幼儿各项能力的发展。早期的托育政策离不开当时的时代背景，经济、政治、文化、健康等方面决定着托育政策的制定与具体实施。我国最早的托儿所建于1929 年，为了支持妇女抗战，政府鼓励开设托儿所，当时在苏区、陕甘宁革命根据地设有托儿所，有适合劳工、农民、职业妇女、工人等多样化的托儿所。

为了进一步解放生产力，促进社会生产及经济的发展，托育行业继续发展，开办托育服务的机构也多种多样，涉及城镇、机关单位、厂矿企业等，一些基层的街道办事处也兴办托儿站，这一时期的托儿所归中华人民共和国国家卫生和计划生育委员会（以下简称卫计委）管辖。

我国托育服务发展的第一个高峰期是 20 世纪 50 年代左右，在该阶段0 ～ 3 岁婴幼儿的数量猛增，1951 年到 1960 年，全国 6 岁以下的儿童人数由 14 万人增加到 2 933 万人，翻了 200 倍。1957 年全国幼教机构有 1.6 万所，1958 年猛增到 69.5 万所，1960 年又增至 78.5 万所，入园幼儿增至 2 900 多万人（1959 年入园幼儿为 217 万人）。20 世纪 60 年代初，政府对托育服务的关注逐渐淡化，1961 年托育机构剧减至 6 万所左右，到 1965 年进一步降至 1.9 万所。[①]

托育服务发展的第二个高峰期是 20 世纪 70 年代，当时的城市职业妇女可以享有 56 天的产假，产假结束之后，可以将婴幼儿放到单位开办的日托机构中返岗工作。

[①]　史慧中.中华人民共和国幼儿教育 50 年大事记 [J].幼儿教育，1999（10）：21.

二、第二阶段——20世纪80年代

在这一阶段我国开始实施计划生育，政府鼓励一对夫妇只生育一个孩子，随着出生率下降，相应的托育服务也进入大幅度缩减时期。1978年改革开放使生产得到恢复，需要大量的劳动力，为了支持妇女就业，政府、企事业单位及街道社区大力举办托育机构，解放了妇女劳动力。在托育服务发展最鼎盛的时期，我国城乡各类托儿所、幼儿园的数量将近100万所，入托幼儿总数将近350万人，甚至3岁以下婴幼儿的入托率也到了30%左右。[①]这一阶段的托育服务在照顾婴幼儿的同时辅以教育，从以单纯解放妇女劳动力为主，逐渐转变为促进婴幼儿自身发展，不只是消除群众的后顾之忧，更重要的是开发儿童智力，为"四化"培养人才奠定基础……必须和我国经济发展的形式相适应，要和生产的需要、人民群众的需要相适应。[②]

三、第三阶段——1988年以后

在这一阶段，我国迎来单位福利制度的改革，尤其是单位后勤的社会化改革，托育服务出现萧条。一方面，政府机关、企事业单位停办或改制原来的托育机构，育儿开始转变为家庭事务；另一方面，计划生育也使托育服务发展的内在动力不足，只有一个孩子也使家庭不再考虑将0～3岁的孩子放到托育机构照料。到了1989年，原来的中华人民共和国国家教育委员会（以下简称国家教委）发布的《幼儿园管理条例》规定幼儿园的招生年龄在3岁以上，而一些托育机构也停止招收0～3岁的婴幼儿，所以到了20世纪末，全国范围内的托育机构面临着生源不足的状况，这就使国内的托育机构进一步减少。

一直到21世纪初，我国0～3岁的婴幼儿主要依靠祖辈、亲戚、保姆等人的照顾，也有少部分父母在家照顾婴幼儿。2010年之后，国家开始颁布一些政策来支持托育机构的发展，托育服务有了一定的起色。

纵观托育服务政策的历史发展脉络，托育服务经历了起起伏伏的变化。这里总结了2012年（含2012年）之前，国家提出的相关法律法规，其政策及内容见表2-1。

---

① 茂楷，腾讯教育.0～3岁儿童托育服务行业白皮书[EB/OL].（2017-12-07）[2018-06-20]. http://www.sohu.com/a/208949621_817001.

② 吴全衡.在全国托幼办公室主任会议上的总结发言[J].妇女工作，1981（01）：11.

表 2-1 1956—2012 年托育服务相关政策

序号	文件名	发布机构	发布时间	主要内容和框架
1	《中华人民共和国劳动保险条例实施细则修正草案》	中华人民共和国劳动部养老保险司	1953 年	企业员工的子女在 4 周以内的超过 20 人的，企业的工会或企业行政需要单独或联合其他企业设立托儿所
2	《教育部关于工矿、企业自办中、小学和幼儿园的规定》	国务院	1955 年	要求各工矿、企业单独或联合创办托幼机构，以解决本单位职工子女入托入园的需求，经费由各单位列入财政预算
3	《关于托儿所、幼儿园几个问题的联合通知》	教育部、卫计委、内务部	1956 年	对 0～6 岁的儿童在保健与教育方面做了工作，对托儿所、幼儿园的发展方针、领导制度及培训干部等问题进行了规定。规定托幼机构主要归单位管理，幼儿园归卫计委管理，托儿所招收的是 0～3 岁的幼儿，幼儿园招收的是 3～6 岁的儿童，提出应当按照"全面规划、加强领导"和"又多、又快、又好、又省"的方针，根据需要与可能的条件，积极兴办托儿所和幼儿园
4	《关于人民公社若干问题的决议》	中国共产党八届六中全会	1958 年	指出建设托儿所及幼儿园成为人民公社发展的任务之一，并指出通过办好托儿所、幼儿园，可以实现孩子生活及教育上的提升，促进孩子在该环境下健康成长，促进父母转变观念，将孩子安心放在托儿所、幼儿园
5	《政府工作报告》	五届人大二次会议	1979 年	提出要十分重视发展托儿所、幼儿园，加强幼儿教育
6	《全国托幼工作会议纪要》	教育部、卫计委、劳动总局、全国总工会和全国妇联 5 部门联合	1979 年	指出要更好地贯彻计划生育方针，就要加大力度办好托幼事业，提倡建立哺乳室、托儿所、幼儿园，促进在农村开展农忙托幼组织，有条件的社队要举办托儿所、幼儿园，要求在全国范围内的各省市设立托幼工作领导小组

续　表

序号	文件名	发布机构	发布时间	主要内容和框架
7	《三岁前小儿教养大纲（草案）》	卫计委妇幼卫生局	1981 年	这是中华人民共和国成立以来第一次对 0～3 岁婴幼儿的教养提出具体的要求，本草案根据 0～3 岁前婴幼儿身心发展的特点，提出托儿所教养工作的任务是促进婴幼儿在感觉、直觉、动作、认识、能力、语言、思维、想象等方面的提升，提高婴幼儿体、智、德、美等方面的能力，为造就体魄健壮、智力发达、品德良好的社会主义新一代打下良好基础
8	《托儿所、幼儿园卫生保健制度》	卫计委	1985 年	对生活制度、婴幼儿的饮食、体格锻炼制度、健康检查制度、卫生消毒及隔离制度、预防疾病制度、安全制度、卫生保健机、统计制度、家长联系制度给予规范与指导
9	《关于进一步办好幼儿学前班意见》	国务院	1986 年	指出开办学前班成为发展农村、城镇幼儿教育的一种重要途径，对托育服务的发展起到一定的推动作用
10	《关于加强幼儿教育工作的意见》	国家教委等 8 部委	1988 年	明确规定了托幼服务不再是由单位作为福利提供的服务，而是家庭需要通过在市场上购买才能享受的服务
11	《托儿所、幼儿园卫生保健管理办法》	卫计委、国家教委	1994 年	增加了对托儿所的保健设备及保健人员的相关规范
12	《关于企业办幼儿园的若干意见》	国家教委、国家计委、民政部、建设部、经贸委、全国总工会、妇联	1995 年	提出了幼儿教育社会化及改革现行幼儿园收费制度，确立了托幼服务由公共提供占主导开始向由公共和私人市场并行转变
13	幼儿园教育指导纲要（试行）	教育部	2001 年	指导幼儿园深入开展素质教育；加强与家庭与社区的合作，与小学的衔接；应为幼儿提供健康丰富的生活极环境，应当充分尊重幼儿的人格和权利

续　表

序号	文件名	发布机构	发布时间	主要内容和框架
14	《中国儿童发展纲要（2001—2010年）》	国务院	2001年	第一次提到了要发展0～3岁婴幼儿的早期教育，强调要积极发展公益性、普惠性的儿童综合发展指导机构，以幼儿园和社区为依托，为0～3岁儿童及其家庭提供早期保育和教育指导，构建和完善0～3岁婴幼儿教育管理体制
15	《关于幼儿教育改革与发展的指导意见》	教育部等部门	2003年	在托育服务方面，提出在未来的五年，要积极依靠社会力量发展托育组织、建立托育中心，为0～2岁的婴幼儿构建早教服务体系，促进婴幼儿早期的全面发展
16	《国务院办公厅关于印发人口发展"十一五"和2020年规划的通知》	国务院	2006年	要大力普及婴幼儿家庭教育的科学知识，开展婴幼儿早期教育，强化独生子女社会行为教育和培养
17	《全国家庭教育指导大纲》	妇联、教育厅、文明办、民政厅、卫生厅、人口计生委、关工委	2010年	指出人口计划生育部门主管0～2岁婴幼儿的早期发展相关的推进工作，将其逐步纳入公共服务的范畴
18	《国家中长期教育改革和发展规划纲要（2010年—2020年）》	国务院	2010年	与托育服务相关的规定指出，要重视0～2岁婴幼儿的发展，促进其全面发展，不断加强科学育儿相关宣传，出台促进学前教育的文件
19	《关于开展0～3岁婴幼儿早期教育试点的通知》	教育部	2012年	决定在上海市、北京市海淀区等14个地区开设0～3岁婴幼儿早期教育试点，并对试点任务、内容和有关工作提出了明确要求。早期教育试点的工作包括明确管理体制、合理配置资源、培训师资、加强规范管理、合理分担成本

2016年，为了应对我国低出生率、老龄化的现象，我国实施全面放开二胎政策，鼓励生育二胎。从政策的实施效果来看，短期内我国生育率的确有所提升，但在全国范围内的生育率并没有得到回升，主要原因是家庭养育子女的压力较大、成本高、无人看护等问题突出，因此国家通过借鉴发达国家的经验，通过出台相关的托育政策来解决现实问题，促进生育率的提升。同时政府也鼓励企事业单位开办自主的托儿所、幼儿园。

2017年，党的十九大报告提出了"幼有所育"，强调要构建"幼有所育"相关的国家基本公共服务制度体系，使改革发展的成果更加公平，促进成果惠及全民。2019年，国务院发布了《关于促进3岁以下婴幼儿照护服务发展的指导意见》（以下简称《指导意见》），《指导意见》要求建立及完善促进婴幼儿照护服务发展的政策法规体系、标准规范体系和服务供给体系，充分调动社会力量通过多种形式开展婴幼儿托育服务，满足人民群众对婴幼儿照护服务的需求，使婴幼儿能够健康成长，促进广大家庭和谐幸福、经济社会持续发展。

第二节　我国托育服务的发展趋势

目前，家庭婴幼儿主要由祖辈看护，因为育儿理念不同经常产生矛盾，有些祖辈由于年龄大，身体处于亚健康状态，看护孩子时力不从心。请育儿嫂看护的成本普遍较高且流动性也较大，不能作为稳定陪护人长期看护，育儿嫂的素质更是参差不齐。这些都是现代家庭面临的托育难题。目前托育服务需求较大，其市场发展前景广阔，但托育服务提供不到位、监管体系不统一、托育机构也良莠不齐，配备的育儿老师也存在着较大的差异等，这些都阻碍着托育服务的发展。

一、现阶段托育服务存在的问题

托育服务对婴幼儿的发展起着积极的作用，托育服务的责任主体经历了由社会到家庭再到社会的转变，在这一发展过程中，托育服务获得了宝贵的经验。现阶段的托育服务处在复苏的时期，各项工作需要快速推进，可以借鉴以往的托育经验和国外先进的托育经验来发展我国的托育服务。目前我国托育发展主要存在以下问题。

第一，托育服务相关的法制不够健全，缺少相应的立法及保护机制，我国亟待出台一部专门的学前教育的法律来弥补该领域的空白。此前我国已经出台了《幼儿园管理条例》(1989年)①、《幼儿园工作规程》(2016年)②，还颁布了婴幼儿托育服务相关的婴幼儿福利政策，这些都促进了学前教育的发展。当今社会普遍存在儿童权益受损、园所缺少相关证件等问题，学前儿童的合法权益无法受到保护，需要加快立法进度，出台专门的法律来保护学龄前儿童的合法权益。因此，政府应该加快构建相关的立法与保护机制，进一步加强执法与监督力度，加强0～3岁婴幼儿托育服务运作模式的规范性，促进其朝着正确的方向发展。

第二，托育服务相关的行政管理体系欠缺。

目前，已经颁布托育政策的部门涉及教育部、民政局、财政部、卫生健康委、发展改革部门、人力资源社会保障部门、全国总工会、全国妇联等。从上述涉及的部门来看，没有专门管理托育服务的管理部门，这就使托育政策的制定不能形成一个有机的整体，会影响实施的效果。因此，我国需要建立一个权威的部门来管理托育服务，政府要加强顶层设计，进一步促进普惠型托育服务体系的构建，促进托育服务的发展。

第三，对0～3岁婴幼儿相关教育的重视不足。

0～3岁婴幼儿的教育非常重要，国外发达国家非常重视0～3岁婴幼儿的发展，而我国0～3岁婴幼儿的教育长期处于缺失状态，需要加快托育服务的建设，将0～3岁婴幼儿的全面发展作为托育服务的最终目的，为国家建设提供人才。

第四，需要进一步提升托育服务人员的专业性。

由于婴幼儿是需要被照顾的对象，其饮食、睡眠、教育、习惯等都要依靠托育人员，托育服务人员掌握着较多的自主性，所以要具备较高的素质。我国的托育服务建设需要进一步提升托育服务人员的专业素养与专业水平，加快建立托育服务人员考核体系的标准化，同时对那些违反托育服务相关规定、缺乏职业道德素养的人员采取零容忍态度，将其加入黑名单。2019年，国家卫健委起草了《托育机构设置标准（试行）》《托育机构管理规范（试

① 中华人民共和国教育部.幼儿园管理条例[EB/OL].(1989-09-11)[2021-08-15]. http://www.moe.gov.cn/s78/A02/zfs__left/s5911/moe_620/tnull_3132.html.

② 中华人民共和国教育部.幼儿园工作规程[EB/OL].(2016-03-01)[2021-08-15]. http://www.moe.gov.cn/srcsite/A02/s5911/moe_621/201602/t20160229_231184. html.

行）》①，目前相关措施正在筹划中。

第五，社会力量支持力度较小。

托育服务目前能依靠的社会力量较小，尽管目前社会对托育服务的期望较高，但托育服务仍存在单一性，力量薄弱。政府需要依靠社会力量大力发展以社区为依托的托育服务，发挥公办托育服务优势的同时也要积极利用民办的力量，促进托育服务的发展，更好地为 0～3 岁的婴幼儿提供全面的照顾与服务。针对当今时代对托育服务的强烈需求，国家应该充分利用社会力量来发展托育服务，促进托育服务的多样化发展，开展不同的托育服务形式，形成全方位覆盖的托育服务网络。② 这样就构成了企业、社区、机构、居家等不同形式的托育服务模式。托育服务的发展需要依托国家、家庭、市场、社会力量的共同支持，促进托育服务朝多元化方向发展，最终形成以政府为主导、以市场发展为主体、以社会力量为补充、以家庭为基础、以社区为依托的发展格局。③

二、托育服务的未来发展

托育服务的发展潜力巨大，主要表现在以下几个方面。

（一）育儿观念的改变推动托育服务的发展

从传统来看，养育子女的目的就是"养儿防老"，随着现代社会的发展，人们的观念已经发生变化，"养儿防老"的观念逐渐淡出当代家庭，现在更多的是遵循个人自身的发展与精神愉悦来孕育下一代。随着社会的发展，父母更加注重子女养育的质量，在当下养育成本提高及激烈的社会竞争环境下，父母更愿意将家庭教育资源优先投入到子女的成长上，所以以家庭方面的教育受到了空前的重视，父母会花费更多的时间、精力、金钱来促进婴幼儿的发展。婴幼儿早期的教育也从粗放型转为集约型，家长对儿童的身心健康非常关注，会创造良好的环境促进婴幼儿习惯的培养及各项能力的发展。

① 中华人民共和国国家卫生健康委员会.国家卫生健康委人口家庭司关于《托育机构设置标准（试行）（征求意见稿）》《托育机构管理规范（试行）（征求意见稿）》公开征求意见的公告 [EB/OL].（2019-07-08）[2021-08-15].http://www.nhc.gov.cn/rkjcytfzs/s7788/201907/c625eedb1dc94126bb408bf6a46223.shtml.

② 刘翠华.托育服务概论——政策、法规与趋势 [M].台北：扬智文化事业股份有限公司，2010：4-16.

③ 杨菊华.新时代"幼有所育"何以实现 [J].江苏行政学院学报，2019（01）：33.

对于年轻的父母来说，没有较多的时间与精力去集中照看孩子，尤其是产假结束之后，孩子的看护问题成为急需解决的问题，同时也是最现实的问题。如果孩子看护的问题解决不好，不仅会影响工作，还会影响家庭的和谐。随着育儿观念的改变，年轻一代的家长更加倾向于花费一定的成本去寻找早教服务或母婴社区，让他们提供一些促进婴幼儿健康成长的服务，这一现象客观地促进了托育服务行业的壮大。

（二）二孩、三孩政策的放开，拓展了托育服务的市场空间

我国于 2016 年实施全面放开二孩政策，出生人口有了一定的增长，2016 年全国新出生人口为 1 786 万人[①]，2017—2020 年出生人口分别为 1 758 万人[②]、1 558 万人[③]、1 465 万人[④]、1 200 万人[⑤]。2020 年，第七次全国人口普查主要数据显示，0 ～ 14 岁人口为 25 338 万人，占 17.95%；15 ～ 59 岁人口为 89 438 万人，占 63.35%；60 岁及以上人口为 26 402 万人，占 18.70%（其中，65 岁及以上人口为 19 064 万人，占 13.50%）。与 2010 年相比，0 ～ 14 岁、15 ～ 59 岁、60 岁及以上人口的比重分别上升 1.35 个百分点、下降 6.79 个百分点、上升 5.44 个百分点。[⑥] 从年龄构成上看，少儿人口数量增加，比重上升。从以上数据来看，"单独二孩""全面两孩"等决策部署和政策措

---

① 国家统计局.李希如:2017 年我国"全面两孩"政策效果继续显现 [EB/OL].（2018-01-20）[2021-08-15].http://www.stats.gov.cn/tjsj/sjjd/201801/t20180120_1575796.html.

② 国家统计局.李希如:2017 年我国"全面两孩"政策效果继续显现 [EB/OL].（2018-01-20）[2021-08-15].http://www.stats.gov.cn/tjsj/sjjd/201801/t20180120_1575796.html.

③ 国家统计局.李希如:人口总量平稳增长　城镇化水平稳步提高 [EB/OL].（2019-01-23）[2021-08-15].http://www.stats.gov.cn/tjsj/sjjd/201901/t20190123_1646380.html.

④ 国家统计局.张毅:人口总量增速放缓　城镇化水平继续提升 [EB/OL].（2020-01-19）[2021-08-15].http://www.stats.gov.cn/tjsj/sjjd/202001/t20200119_1723861.html.

⑤ 国家统计局.第七次全国人口普查 [EB/OL].（2021-05-11）[2021-08-15].http://www.stats.gov.cn/ztjc/zdtjgz/zgrkpc/dqcrkpc/ggl/202105/t20210519_1817702.html.

⑥ 中国新闻网.第七次全国人口普查结果公布! 中国人口共 141178 万人 [EB/OL].（2021-05-11）[2021-08-15].https://baijiahao.baidu.com/s？id=1699428177671137432&wfr=spider&for=pc.

施，促进了出生人口的提高，"二孩"生育率明显提升，出生人口中"二孩"占比由 2013 年的 30% 左右上升到 2017 年的 50% 左右，新生儿的出生进一步刺激了托育服务的发展。

2021 年，中共中央政治局审议了《关于优化生育政策促进人口长期均衡发展的决定》[①]，做出"实施一对夫妻可以生育三个子女的政策及配套支持措施"的重大决策，托育服务市场进一步扩大。《国务院办公厅关于促进 3 岁以下婴幼儿照护服务发展的指导意见》中提出："要调动社会的多方力量，充分发挥积极性，开展多种多样的婴幼儿照护服务，仅一年半的时间，托育机构的数量大大增加，相当于过去十年总量的三倍多，发展势头迅猛"。[②] 然而，托育服务仍然存在诸多问题，目前的托育机构数量仍然较少，呈现出区域分布不均衡的特点，托育机构建立的成本较高也导致托育服务费用居高不下，让中下收入水平的家庭无法享受托育服务。另外，相关的托育服务在政策、法规、标准上存在缺失，亟待解决。

（三）托育服务朝着规范化、专业化、多元化发展

自 2016 年开始，有关 0～3 岁婴幼儿的发展常常出现在各种重大会议中，政府制定了多项可行性政策来促进托育服务的发展。2019 年，我国制定了《关于促进 3 岁以下婴幼儿照护服务发展的指导意见》[③]，该意见进一步规范了托育服务机构，并确定了托育服务应朝着专业化、规范化的方向发展，充分遵循婴幼儿的发展规律，建立健全了婴幼儿照护服务的体系。

上海市紧随政策，出台了"1+2+1"文件，主要针对托育服务机构的开展。第一个"1"指的是上海市印发的《关于促进和加强本市 3 岁以下幼儿

---

① 央广网.解读《关于优化生育政策促进人口长期均衡发展的决定》[EB/OL].（2021-05-11）[2021-08-15].https：//baijiahao.baidu.com/s？id=17063088706429063 02&wfr=spider&for=pc.

② 新华网.重磅! 实施三孩生育政策及配套支持措施来了 [EB/OL].（2021-07-20）[2021-08-15].https：//baijiahao.baidu.com/s？id=1701551049677517079&wfr= spider&for=pc.

③ 中国政府网.国务院办公厅印发《关于促进 3 岁以下婴幼儿照护服务发展的指导意见》[EB/OL].（2019-05-09）[2021-08-15].http：//www.gov.cn/xinwen/2019-05/09/ content_5390023.htm.

托育服务工作的指导意见》[1]，"2"指的是《上海市3岁以下幼儿托育机构管理暂行办法》[2]和《上海市3岁以下幼儿托育机构设置标准（试行）》，第二个"1"指的是《上海市托育服务三年行动计划（2020—2022年）》[3]。上海市相关的托育服务政策是结合当地的经济发展、托育服务发展状况而开展的，具有独特性。

目前，其他地区也先后围绕国家政策，制定适合当地托育服务的相关政策，促进了托育服务的多样化发展。各行政管理部门从政策法规体系、标准规范体系和服务供给体系来促进婴幼儿照护服务发展。未来几年，0～3岁婴幼儿托育服务市场将加速发展，充满机遇。

本章小结

我国的托育服务经历了起起落落的发展，迎来了黄金时期，《关于促进3岁以下婴幼儿照护服务发展的指导意见》的颁布确定了以家庭为主、托育补充，政策引导、普惠优先，安全健康、科学规范，属地管理、分类指导的政策。党的十九大还提出了构建"幼有所育"等国家基本公共服务制度体系，促使托育服务上升到国家战略发展的层面，进一步促进了托育政策的完善及托育机构的发展。

我国的托育服务在未来将迎来较快的发展，托育服务的发展将使家长转变育儿观念，同样三胎政策的实施也将进一步推动托育服务在广度和深度上的拓展，使托育服务朝着规范化、专业化、多元化发展。现阶段，托育服务如何提升，如何最大化地构建及实施将是当前托育服务发展的重点。

---

① 上海市人民政府.上海市人民政府印发《关于促进和加强本市3岁以下幼儿托育服务工作的指导意见》的通知[R/OL].（2020-08-24）[2021-08-15].https：//www.shanghai.gov.cn/nw43717/20200824/0001-43717_56068.html.

② 上海市人民政府办公厅.关于印发《上海市3岁以下幼儿托育机构管理暂行办法》的通知[R/OL].（2020-08-24）[2021-08-15].https：//www.shanghai.gov.cn/nw43718/20200824/0001-43718_56072.html.

③ 上海市人民政府办公厅.关于印发《上海市托育服务三年行动计划（2020—2022年）》的通知[R/OL].（2020-10-27）[2021-08-15].https：//www.shanghai.gov.cn/nw5002/20201027/7f90e9e848014364835875cd62b46dd.html.

第三章 国际托育服务政策体系概述

第一节 美国托育服务政策体系概述

与其他国家相比，美国的托育服务开始较早，从20世纪60年代开始，美国政府便开始注重托育服务的质量问题。美国作为联邦制国家，联邦政府与各州政府关系相对松散，州政府的职权相对独立，各州的托育服务体系也各有不同，为提升托育服务质量，美国进行了一系列的政策调整，州政府及相关的科研学术机构共同构建国家性、地方性的托育服务政策来提升托育服务质量。因为美国的民族和移民人口众多，所以维持社会秩序和保障教育公平是美国托育服务的主要特点。

一、托育服务政策的实施主体

美国托育服务政策的实施主体主要包括联邦及各州的政府部门及非政府组织，其中政府在政策制定和实施上起主导作用，社会各类非政府组织成立了多种形式的托育服务机构，促进托育服务的多元化发展，他们还会参与制定托育服务质量标准，进一步推进托育服务质量的提升。就职能部门来看，国家层面上托育服务的主要职能部门是教育部、卫生与公共服务部、农业部三个部门，州政府的主要职能部门是教育部。另外美国幼儿教育协会作为民间组织也受到社会的广泛关注。[1]

托育服务战略的制定、颁布、实施与宣传由政府部门主导，联邦政府通过财政拨款、托育服务战略制定等方式为各州政府提供指导，卫生与公共服务部下属的儿童和家庭管理局下设的开端计划办公室和儿童保育办公室主要

---

[1] 时扬.婴幼儿托育服务政策的国际比较及对我国的启示 [D].上海：华东师范大学，2019.

负责婴幼儿托育服务事务。[①] 教育部则负责 0 ～ 3 岁婴幼儿早期教育和托育服务师资队伍的考核及认证。各州地方政府根据联邦政府出台的法律法规，负责具体制定、实施和监督本州的托育政策，并且对各类托育服务机构进行认证、注册和评估。

美国非政府组织在婴幼儿托育服务中也扮演着重要角色。全国幼儿教育协会和全国协会的托儿资源及转介机构作为民间社会组织，颁布了许多受到社会认可的托育服务质量认证标准，并且在倡导政府出台保障托育服务质量和公平性的相关法规中发挥了重要作用。

全国幼儿教育协会是美国权威的、专业的幼儿教育机构，致力于为 0 ～ 8 岁的儿童服务，它为教育质量的提升及教学环境的改善做出了突出的贡献。全国幼儿教育协会还专注于指导婴幼儿早期的教育，该协会制定了许多关于婴幼儿早期教育的指导原则，旨在帮助从事幼儿教育的工作者，促进幼教机构高质量的发展，这与美国在托育服务上的追求是一致的。全国幼儿教育协会还是政府授权认可的托育服务监督和评估机构，会定期向社会发布监察报告。[②]

二、服务模式

自 20 世纪 30 年代以来，美国托育服务不断发展，逐渐形成了家庭儿童托育服务、团体托育服务、托育中心等多种模式并存的托育服务体系。2018年，托育中心、家庭儿童托育服务、团体托育服务和儿童照护模式占比分别为 73%、14%、6% 和 2%。[③]

（一）家庭儿童托育服务

家庭儿童托育服务是指一到两位托育服务提供者在本人家庭或私人住宅

[①] 鲁熙茜 . 共享理念视角下美国 0 ～ 3 岁托育服务的政策分析及启示 [D]. 上海：华东师范大学，2020.

[②] FY 2018 Preliminary Data Table 3 – Average Monthly Percentages of Children Served by Types of Care. 2019；Available from：https://www.acf.hhs.gov/occ/data/fy-2018-preliminary-data-table-3-average-monthly-percentages-children-served-types-care.

[③] FY 2018 Preliminary Data Table 3 – Average Monthly Percentages of Children Served by Types of Care. 2019；Available from：https://www.acf.hhs.gov/occ/data/fy-2018-preliminary-data-table-3-average-monthly-percentages-children-served-types-care.

内为婴幼儿提供托育服务，通常婴幼儿数量较少、收费较低。各州政府均有对活动空间大小、人数比例、托育服务提供者上岗培训、犯罪背景调查和免疫调查等进行具体规定的职责。管理制度包括许可制和注册制两种，许可制的制定和实施根据各州规定各有不同，大致均向托育服务提供者提出了一系列基础健康安全要求，并且对婴幼儿数量有一定的限制，政府工作人员将定期对托育服务提供者进行探访和检查；注册制则鼓励和要求服务提供者自行向州政府部门提供相关能力和场地的证明材料。[①]

（二）儿童托育中心

儿童托育中心是指儿童到非家庭环境的专业机构接受托育服务，多设置在非居民商业建筑中，规模较大，能容纳更多儿童，主要根据年龄段将婴幼儿进行分班照护，由多名专业托育人员组成团队提供服务。儿童托育中心可由企业、个人、教堂、公立学校或政府机构所有，分为营利性和非营利性。不同州对儿童托育中心的管理有所不同，大多需要执照注册，但学校内的托育中心、暑期夏令营、信仰类项目等可以不进行注册。

（三）团体托育服务

团体托育服务是指在私人住宅内为父母或监护人无法陪伴的 6～12 个儿童提供小于 24 小时的照护。各州政府在住宅和设施要求、托育服务人员培训、人数比例、消防安全、儿童营养、交通、特殊要求儿童、保险、儿童健康和安全、与父母的沟通、紧急预案等多个方面对团体托育服务进行了规定，团体托育服务机构需向各州政府进行注册备案，同时政府部门也将定期对其进行监督检查。

（四）开端计划

开端计划始于 1965 年，由美国联邦政府卫生与公共服务部下属的儿童和家庭管理局内的开端计划办公室负责管理，是美国迄今为止规模最大的儿童早期发展项目。该项目旨在为低收入家庭或患有身体残疾的学龄前儿童提供学前教育、营养与健康服务及其他社会服务，提高处于弱势环境中的儿童的社会性和认知发展，帮助其做好入学准备，实现教育公平。1995 年，联

---

① 刘丽伟，修钰颖. 美国 0～3 岁婴幼儿照护服务体系及借鉴 [J]. 学前教育研究，2020（12）：23.

邦政府启动了早期开端计划，将服务对象范围扩大到低收入家庭的 3 岁以下婴幼儿及孕产妇，由联邦政府提供资金支持，以社区为基础，为孕妇及婴幼儿提供产前、产后护理和婴幼儿早期发展教育等方面的帮助，以提升低收入家庭和婴幼儿的社会适应能力，提高社会的早期保育和教育质量。联邦政府及州政府为该计划提供财政支持，由受过培训的教师对家庭条件不佳的儿童提供免费的学前教育。[①]

1975 年，为了提高开端计划的服务质量，联邦政府开端计划办公室颁布了《开端计划运行标准》，并于 2016 年进行了修订。《开端计划运行标准》明确了开端计划和早期开端计划全程服务的定义和最低要求，从定义与使用范围、服务规划、社会服务标准、健康和发展服务标准、个人教育项目服务标准、营养服务标准、家长参与服务标准和合作服务项目标准等八个方面进行了规范，并且提供了具体的实操指导和实施建议。[②]2007 年 12 月，时任总统布什签署了《2007 年为入学准备改善开端计划法案》的学龄前教育法案[③]，该法案通过若干项规定来提高开端计划的服务质量，包括将开端计划入学准备标准与州立入学准备标准进行统一，提高开端计划教师队伍的资格标准，明确了每个州的早期护理和教育咨询委员会，加强对儿童服务效果和年度财务状况的监督审查，并且通过国家中心和州立系统对开端计划培训和技术援助系统进行了改善。

三、财政支持

美国婴幼儿托育服务资金由家庭、政府财政和社会资本共同承担，联邦政府每年通过财政预算向各州拨款，用于开端计划、儿童保育与发展基金等不同类型的婴幼儿照护服务项目。此外，政府还通过税收抵免福利为符合条件的纳税人及其家庭提供经济支持。据统计，在托育服务总费用中家庭支付约 52%，政府部门支付约 46%，社会资本支付约 2%。[④]

---

①　Head Start Service. 2020；Available from：https：//www.acf.hhs.gov/ohs/about/head-start.

②　甘永涛.美国《开端计划执行标准》评介 [J].学前教育研究，2011（03）：32.

③　Policy & Regulations, Office Of Head Start. 2019；Available from：https：//www.acf.hhs.gov/ohs/policy.

④　鲁熙茜.共享理念视角下美国 0 ～ 3 岁托育服务的政策分析及启示 [D].上海：华东师范大学，2020.

（一）税收托育优惠减免

美国在税收福利干预方面主要通过儿童及抚养人税收抵免和家属护理援助计划两项政策为家庭减轻托育服务负担。

儿童及抚养人税收抵免目的在于激励工作并抵消税收负担，从而减轻家庭的托育负担。在联邦和州政府层面均可进行申请，两者互不冲突，符合条件的在职父母、求学父母或丧失劳动能力的父母均可向联邦政府和州政府提交申请。联邦层面和不同州的税收抵免额有所不同，但均与家庭收入、家庭一年内支付的抚养费及抚养儿童数量有关。家庭预先支付托育服务的费用，然后在提交联邦或州所得税申报表时获得抵免福利。

家庭护理援助计划是指在职父母可通过从税前收入中预留资金至一个灵活支出的账户中，用于支付子女的托育费用。每个家庭每年最多可预留 5 000 美金用于家庭护理援助计划，预留金额不随儿童数量的变化而发生变化。家庭护理援助计划仅针对在职父母，并且需要由雇主提供该项税收福利，通过减少应税收入的方式来减轻家庭的托育负担。

此外，联邦政府国税局还鼓励雇主通过儿童托育服务抵免的方式来承担员工托育服务的费用。

（二）儿童保育与发展基金

1990 年，联邦政府颁布了《儿童保育与发展固定拨款法案》，2014 年重新授权，通过儿童保育与发展基金向各州、各地区有 13 岁以下儿童的低收入家庭补贴儿童托育服务的费用，使儿童的父母能够工作或上学，并且在部分州向儿童托育服务提供者提供补贴。2020 年，国会将儿童保育和发展基金的可任意支配资金拨款增加了 5.5 亿美元，总拨款额为 58.26 亿美元。[①]《儿童保育与发展固定拨款法案》对符合儿童保育与发展基金资格的家庭进行了定义：有 13 岁以下儿童的家庭，父母必须有工作或正在接受教育和培训活动，并且家庭收入不超过所在州收入中位数的 85%。受资助家庭可以随意选择在儿童保育与发展基金资助范围内的托育机构，而在该范围内的托育机构据法案规定需要符合所在州制定的卫生和安全要求。各州政府在儿童保育与发展基金的具体实施上，如托育机构的支付率、家庭共同支付额和服务

① Child Care and Development Fund Program Plans. cited 2019；Available from：https：//www.acf.hhs.gov/occ/plans.

优先顺序等方面具有较高的灵活性，但每三年需要向联邦政府提交一次"儿童保育与发展基金计划"。[①]

（三）特殊教育补助金

1986 年《残疾人教育法修正案》为残疾婴幼儿建立了早期干预项目，明确为全美符合条件的残疾儿童提供免费的公共教育。联邦政府主要通过向各州提供特殊教育补助金的方式为残疾儿童及其家庭提供托育支持。

四、托育机构准入资格及规范

为了保证儿童在托育机构中的健康和安全，规范托育服务市场，《儿童保育与发展固定拨款法》要求各州政府根据本州的实际情况制定托育机构许可标准，不同州在托育机构的准入资格及相关规范的制定上有所不同。以内布拉斯加州为例，2013 年内布拉斯加州政府颁布了《托育服务许可法案》，定义在特定场所内为 13 名或 13 名以上的儿童提供托育服务的机构为托育机构，从托育机构许可证申报、场地规定、交通接送、食品和紧急计划等方面对托育机构进行了规范。例如，任何新办的托育机构都需要先拿到临时许可证，在无违规情况下，持有临时许可证满一年后方可申请正式许可证。此外，托育机构的许可证不可转让或租用，且只能使用于申请时所填写的地址。该法案还规定托育机构必须要有适合婴幼儿自由活动、午睡和用餐的场所，每个婴幼儿至少拥有 35 平方英尺（约 3.25 平方米）的室内活动空间和50 平方英尺（约 4.65 平方米）的户外活动空间。

此外，内布拉斯加州还颁布了一系列托育相关法案为托育机构的安全和质量提供标准和规范，保障儿童在托育机构的健康和安全。《儿童保护法案》授权卫生与公共服务部使用州级儿童虐待中央登记册中的信息对托育机构进行资格审查；《优质儿童保育法案》要求卫生与公共卫生服务部针对托育机构制定强制性的培训要求方案，以确保托育机构为儿童提供健康安全且优质的服务。[②]

---

① 鲁熙茜.共享理念视角下美国 0 ～ 3 岁托育服务的政策分析及启示 [D].上海：华东师范大学，2020.

② 同上。

五、托育师资队伍

随着美国托育服务体系的不断完善，托育人才队伍的培养体系也在不断系统化和规范化。由于美国实行分权制度，联邦政府只对早期开端计划内的托育机构中的保教人员有统一的师资要求规范，其他托育机构内从业人员的资格认定标准由各州分别制定，主要包括入职标准和师资培训两大方面。

早期开端计划从联邦政府和州政府两个层面对保教人员进行培训。联邦政府对从业人员的资质进行了规定，主要包括身心健康、犯罪记录、语言文化背景、工作经验、婴幼儿早期发展和护理急救知识等，此外从业人员还需要具备儿童发展助理证书（CDA 证书）。在州政府层面，每个州在联邦政府规定的基础上制定了符合本州情况的培训计划。到 2019 年，美国 48 个州都制定了《3 ~ 5 岁儿童早期学习与发展指南》，还有 19 个州制定了《0 ~ 3 岁婴幼儿早期学习与发展指南》。

部分非政府组织也针对托育从业人员制定了相应的标准规范，并且为政府提供了参考。全美幼儿教育协会在 1991 年制定了美国 0 ~ 8 岁儿童教师的任职资格标准，为婴幼儿和学龄前儿童保育人员设置了 2 年制和 4 年制的学习制度，根据任职资格标准将儿童教师划分为正式教师、助理教师、代理教师和志愿者等若干等级。[1] 此外，全美幼儿教育协会在教师入职前培训评价细则制定了标准，包含促进儿童发展和学习、建立家庭和社区关系、观察记录评估儿童家庭、建立儿童和家庭的联系、课程构建和早期教育专业性等六大方面。[2]

第二节　英国托育服务政策体系概述

随着历史的发展，英国的托育服务逐渐形成了具有其自身特色的完整的托育服务体系——保育一体化。1997 年，工党上台执政后，托育服务的普及

---

[1] 时扬. 婴幼儿托育服务政策的国际比较及对我国的启示 [D]. 上海：华东师范大学，2020.

[2] NAEYC Early Learning Program Accreditation Standards and Assessment Items. 2019；Available from：https://www.naeyc.org/sites/default/files/globally-shared/downloads/PDFs/accreditation/early-learning/standards_assessment_2019.pdf.

化和扩大化成为政府托育政策的发展目标。1998 年，英国政府在《应对保育挑战》绿皮书中指出，要改变英国当时保育和教育分离的状况，强调保育和教育的关系，将保育一体化作为国家儿童早期教育的主要发展战略。英国政府在这一年还颁布了国家保育战略以及"确保开端计划"，战略及计划成为英国早期教育的代表，具有重要的意义。与托育服务配套的相关标准包括《基础教育阶段课程指导》《0～3 岁很重要》《8 岁以下儿童日托和居家保姆全国标准》。[①]2004 年颁布的《儿童法案》和 2006 年颁布的《儿童保育法案》重申了保育一体化的重要性，强调儿童早期教育服务包括教育、保育、卫生等多个方面，明确要求政府和地方各个机构或部门共同构建整合型儿童早期教育服务体系。2008 年颁布的《早期教育阶段法定框架》正式确定了英国 0～5 岁儿童保育一体化的教育模式。[②]

一、托育服务政策的实施主体

2003 年，英国政府颁布的《每个儿童都重要》文件构建并完善了多个部门联合共同促进儿童保育一体化发展，相关部门包括该地区的教育部门、健康与卫生部门、基础保育部门和劳动与培训部门等，其中教育部门为统筹管理部门，还设有专门的地方性社会服务部门，这些社会服务部门负责育儿教师的审查、监督及管理工作，其职能的划分较为明确，这些社会服务部门会定期组织育儿教师进行专业培训，促进了整个育儿教师队伍专业素养的提升。[③]此外，英国政府通过加强地方对早期教育和保育决策与管理自主权来促进保育一体化进程。2006 年的《儿童保育法案》规定地方政府必须对本地区儿童保育教育服务负责，为儿童及其家庭提供相应的儿童早期服务教育。

二、服务模式

英国的托育机构分为儿童照护者、非家庭场所的托育服务、家庭托育服

---

① 吴琼，李贵仁.英国"确保开端"儿童中心的发展历程、经验及启示 [J].黑龙江高教研究，2017（01）：12.

② 易凌云.英国早期教育政策与实践的现状及其对我国的启示 [J].湖南师范大学教育科学学报，2016（06）：78.

③ 谢瑜.思辨的力量研究生思想政治理论课论文集（第 3 辑）[M].北京：人民教育出版社，2018：113.

务和家庭保姆①，有公立和私立两种形式。2000 年，英国政府颁布《儿童保育标准法案》正式授权英国教育标准局对儿童保育机构进行监管与督导。自2008 年起，所有规模、类型和资金来源不同的保育机构均需要接受英国教育标准局早期阶段登记处的注册，并且使用全国统一的早期教育评估表进行督导。

（一）儿童照护者

儿童照护者是在英国教育标准局注册的专业日托者，照顾一个或多个非亲属的孩子，并且可获取报酬或奖励。儿童照护者可在孩子家中为0 ～ 16 岁的孩子提供照护服务，但照护儿童数量不可超过 6 个，如果有多个照护者或与家庭保姆合作就可以照护更多数量的儿童。0 ～ 5 岁儿童的照护者需要在早教登记处进行注册，5 ～ 7 岁儿童的照护者则需要在儿童保育注册系统进行注册。所有的儿童照护者都需要完成包括儿科急救在内的培训课程。

（二）非家庭场所的托育服务

非家庭场所的托育服务是指托儿所、学前班、度假俱乐部和其他基于团体环境的托育机构，通常在早教登记处进行注册。比较有代表性的是社区综合性儿童中心，社区综合性儿童中心不仅照看婴幼儿，还可以对婴幼儿的家长及准父母提供教育。综合性的儿童中心主要面对的是社区内的婴幼儿及其家庭。儿童中心为社区内儿童设定免费的托育时长，所有 3 ～ 4 岁的儿童都可以获得每星期 15 个小时、每年 570 个小时的免费托育时长，并且有特殊需求的家庭还可延长至每星期 30 个小时。②综合性的儿童服务中心提供的服务主要有以下几项。

第一，全日制、半日制、短时间的婴幼儿托育服务。

第二，针对婴幼儿及父母的健康提供的服务，包括产前的保健、婴幼儿的定期体检、健康知识的普及等。

---

① Childcare providers and inspections as at 31 August 2019. 2020；Available from：https：//www.gov.uk/government/statistics/childcare-providers-and-inspections-as-at-31-august-2019/main-findings-childcare-providers-and-inspections-as-at-31-august-2019#introduction.

② 洪秀敏 . 婴幼儿托育服务机构设置标准的国际经验与启示 [M]. 北京：北京师范大学出版社，2019：43.

第三，针对父母的个人需要及家庭需要提供家庭服务，包括促进父母能力提升的各项学习、就业指导及进一步改善家庭的外在与内在环境。

第四，为准父母或新手父母提供相关的科学育儿知识，包括定时开展育儿讲座、开设育儿课堂、家长交流活动等，鼓励家长参与进来。

第五，为托育服务的保姆提供支持条件与培训，促进其专业素养及能力的提升。

（三）家庭托育服务

有4个以上的人在非孩子家庭内一起照顾孩子，根据照护儿童的年龄划分，家庭托育服务需要在早教登记处或儿童保育注册系统上进行注册。

（四）家庭保姆

家庭保姆完全或主要在孩子自己家里照顾0～18岁的孩子，此类家庭保姆可以选择在自愿托儿注册上进行注册，而无须向英国教育标准局注册。1989年颁布的《儿童法》规定，保姆必须至地方政府申请登记，并且符合十四项准则及附带项的要求。

（五）确保开端项目

1998年，英国政府启动"确保开端计划"，此计划面向4岁以下的婴幼儿，并且主要针对低收入家庭。此计划旨在改善儿童及其家庭的健康和福利状况，使他们做好入学准备。具体从早期教育、儿童保育、家庭支持和医疗卫生四个方面制定举措和方法[①]，与父母及准父母一起，共同促进婴幼儿的身体、智力、习惯、能力等方面的全面发展。尤其使处于不利地位的婴幼儿在家庭及学校生活中健康、茁壮地成长。"确保开端计划"的宗旨是促进婴幼儿社会性和情感发展、促进婴幼儿健康发展、促进儿童的学习能力发展、加强家庭和社区建设。

三、财政支持

英国保育一体化经费主要来源于政府财政投入、家庭支出和社会慈善捐助等，目前已初步形成了早期教育成本分担机制和投入保障机制。自1998

---

① 杨航.0～3岁婴幼儿照护服务供给的政府责任研究 [D].重庆：中共重庆市委党校，2020.

年 9 月起，英国所有的 4 岁儿童均可享受每周 5 天、每天 2.5 个小时的免费早期教育。2003 年，英国政府出台了"90% 基本线"，规定所有在英国教育标准局监督下的公立及私立托育机构可根据每学期实际安置 3 岁儿童人数或 90% 的可安置人数申请免费教育时数拨款。2014 年起，英格兰地区所有 3～4 岁的儿童每年可享受 570 个小时免费早期教育，费用由政府财政拨款，覆盖由英国教育标准局监督的所有公立及私立学校和幼儿园。[①]

英国政府十分重视儿童保育一体化改革，一方面通过国家财政直接拨款至教育部门监管的托育机构，另一方面国家财政向地方政府拨款，地方政府再拨款至管辖范围内的托育机构。公立托育机构可由政府财政完全资助，而私立托育机构及私人家庭保姆等可获得部分政府财政资助。2006 年，英国政府颁布了"儿童、青年及家庭资助拨款计划"，2007 年进一步规定地方政府根据当地情况制定符合当地的"特定经费投入方案"，用于保障由英国教育标准局监管的托育机构中的 3～4 岁儿童获得法定的免费早期教育服务。2010 年，英国政府根据地方的"特定经费投入方案"进行了早期教育经费预算，保证了教育经费的单支单列。[②]

四、托育机构准入资格及规范

2008 年，英国政府颁布的《早期基础阶段法定框架》成为英国托育服务的重要政策文件及英国托育服务课程标准。其目标是保证托育服务环境的质量和一致性，为儿童的学校生活和未来发展奠定基础，构建从业者与父母之间的伙伴关系，为儿童提供公平的机会。该框架从儿童学习和发展要求、发展评估、托育机构安全和福利要求等多方面详细规定了 0～5 岁儿童早期教育学习、生活和发展的标准，为早期教育和保育统一了标准，并且适用于英国所有幼儿教育提供者，包括公立和私立托育机构。所有托育机构都需要定期接受《早期基础阶段法定框架》的检查、监督和评估，并且课程内容也要以《早期基础阶段法定框架》的课程标准为原则。

《早期基础阶段法定框架》对托育机构的场地、师生比例、人员配置和资格要求均有明确的规定，它要求每个儿童必须配备承担照看幼儿、与家长沟通任务的关键人。此外，《早期基础阶段法定框架》对保育员的数量也有

① 易凌云.英国早期教育政策与实践的现状及其对我国的启示 [J].湖南师范大学教育科学学报，2016（06）：78.

② 易凌云.英国早期教育政策与实践的现状及其对我国的启示 [J].湖南师范大学教育科学学报，2016（06）：75.

明确的要求，2 岁以下年龄段的师生比不低于 1 ∶ 3，2 岁年龄段的师生比不低于 1 ∶ 4,3 岁及以上年龄段的师生比不低于 1 ∶ 5。对于场地方面，《早期基础阶段法定框架》要求托育服务机构需要确保机构环境的安全性和适宜性，并且需要制定火灾等紧急情况预案和禁烟政策。此外，托育机构还需要为残疾儿童和特殊需求儿童配备适合的服务内容和设施场地。①

托育服务相关管理及监管的机构是英国教育标准办公室，负责一般学校的评鉴任务，秉持系统的、中立的评鉴视导、公开报告及依据资料来改善教育标准及教育品质。

五、托育师资队伍

早期的英国托育人员资格采取的是登记制，英国对托育服务人员没有明确的学历上的要求，采取的是登记制度，需要有意愿从事托育工作的人员到地方政府进行登记，之后需要接受上岗前的培训，也称职前训练，训练结束之后即可从事托育服务工作。

2007 年，英国政府实施的"早期教育职业地位"（early years professional status，EYPS）认证系统正式启动，旨在儿童保育一体化体系中打造一支高素质的人才队伍，该认证通过对托育服务从业人员进行身份确认，确保其提供的托育服务的质量。2012 年，英国政府颁布了《早期教育专业教师身份标准》，实施了早期教育专业教师的 EYPS 培训，并且于 2013 年进行了修订，以培养更多的儿童早期发展专业研究生，该标准是目前英国培养早期教育专业教师的主要依据。②

从英国托育的师资来看，英国的公立托育机构的师资标准与小学接轨，配备的是全职教师，具备幼教教师资格证。与私立托育机构相比，公立托育机构的教师水平低一些，其服务的重点在保育上，同时这里也接受兼职幼教。无论公立还是私立托育机构，从业人员都需要按照英国政府的规定，具备系统的学历资质等级，一般由低到高分为八级，每一级都规定了相应的学

①　Statutory framework for the early years foundation stage: Setting the standards for learning, development and care for children from birth to five. 2017; Available from: https://assets.publishing.service.gov.uk/government/uploads/system/uploads/attachment_data/file/596629/EYFS_STATUTORY_FRAMEWORK_2017.pdf.

②　Early years qualifications. 2014; Available from: https://www.gov.uk/guidance/early-years-qualifications-finder.

历及经验。私立的托育服务人员需要达到三级以上的水平，相当于高中毕业、大学预科的文化水平，公立机构的标准要高，其等级至少要六级以上，相当于大学本科的学历。

除了学历要求外，美国政府还规定了师生配比，一般情况下，儿童年龄段越低，需要的教师就越多。当地的教育标准化办公室认为这样的比例是符合常规的，一个人的时间及精力是有限的，如果托育人员的精力与时间用在照顾过多的孩子上，势必会增加教师的压力，产生不良情绪，这些情绪如果不能及时疏导，很可能会发生虐童事件。

第三节　日本托育服务政策体系概述

随着社会经济的发展和观念的转变，近年来日本生育率逐年下降，适龄劳动人口增长放缓，人口结构老龄化、少子化问题日益突出。二战结束至今，为了迅速恢复经济、保证劳动力的供给，遏制生育率下降的趋势，日本政府颁布了一系列政策法规对托育服务进行完善。然而，2017 年全日本无法获得托育服务的"待机儿童"仍有 26 081 名[1]。随着托育服务的发展，日本从最初的"托幼一元化"逐渐转变为"托幼一体化"，用于解决"待机儿童"的问题。

一、托育服务政策的实施主体

1938 年，日本政府颁布《社会事业法》，将托育机构作为社会事业设施，此后日本的托育服务就附加了强烈的社会属性。1947 年，《儿童福祉法》将日本所有托育服务机构统一命名为"保育所"，这标志着日本政府对托育服务机构开始进行干预，同时提出了将保育所纳入儿童福祉事业中。[2]

日本的政府结构分为国家、都道府县、市町村三级。国家文部科学省主管教育，厚生劳动省主管福利事务，其中厚生劳动省为日本托育服务的中央政府负责部门，对保育所的硬件设施、人员配置等设置标准进行严格监管。中央政府负责制度设计、财政支持、设立国家标准以及规范服务质量；都道

---

① 张建.日本的育儿支援制度改革及其启示[J].现代日本经济，2019（02）：75.

② 时扬.婴幼儿托育服务政策的国际比较及对我国的启示[D].上海：华东师范大学，2020.

府县负责资源的统筹调配和对儿童与家庭进行整合管理，协调各市町村的工作；市町村是托育服务具体的实施主体，负责调查辖区居民育儿现状及需求，并且根据调查结果制定5年儿童与育儿支援事业计划。

日本的托育服务机构主要分为幼稚园、保育所、认定儿童园、地域型托育服务，分属的管辖部门是文内阁府、文部科学省、厚生劳动省。[①]

二、服务模式

为了解决日本托育服务供给不足的问题，自2000年起，日本政府陆续颁布了《少子化社会对策基本法》（2003）、《次世代育成职员对策推进法》（2003）、《少子化社会对策大纲》（2004）、《幼儿育儿支援计划》（2005）等，以此对托育服务进行补充。2015年8月，日本通过《育儿支援法》《综合儿童园法》和《幼儿育儿支援以及认定》对育儿支援制度进行了一次重大改革，扩大了托育服务申请事由覆盖范围和家庭数量类型，赋予托育供求双方更多的自主选择权，并且调动多种社会力量参与托育服务体系建设，增设多种托育服务类型以满足儿童家庭多样化的服务需求。[②]

总体而言，在托幼一体化大背景下，日本保育共有三种形式，分别是：以教育为主的幼儿园、以保育为主的保育园以及教育和保育相结合的认定儿童园。[③]

（一）幼儿园

幼儿园服务对象主要为3～5岁的儿童，属于教育设施。1947年，日本政府颁布《学校教育法》，确定了文部科学省对幼儿园的管辖权责。幼儿园属于教育机构，以教育为主要功能。文部科学省对幼儿园具有规范、监督和检查等责任，并且通过补助金形式对公立及私立幼儿园进行补贴。

（二）保育所

保育所是一种儿童福利设施，旨在代替因从事劳动或患病等原因无法进行保育的家庭监护人对儿童进行保育服务。根据1947年日本《儿童福祉法》，保育所属厚生劳动省管辖，为社会福祉事业，可接纳0～6岁婴幼儿及儿童。

---

① 康璐昕.日本学前儿童托育服务体系研究[D].延吉：延边大学，2020.
② 张建.日本发展普惠性托育服务的多维行动路径[J].比较教育研究，2021（01）：96.
③ 肖子华.日本托育情况及育儿支持制度的启示[J].人口与健康，2020（09）：23.

该法案对保育所进行了规范，明确了其保育的主要功能。厚生劳动省补贴保育所 80% 的经费。

（三）认定儿童园

日本政府于 2006 年 10 月 1 日开始正式推行兼具幼儿园和保育所功能的托幼一体化政策，用"认定"的方式对具备向学龄前儿童提供教育及保育一体化功能和为家长提供综合性育儿支持功能的幼儿园和保育所进行认定，受文部科学省和厚生劳动省的共同监管。认定儿童园主要面对的是 0～5 岁的婴幼儿，对监护人来说，无论其就业与否，认定儿童园都可以为其子女提供托育服务，除此之外，认定儿童园还可以提供儿童养育相关的知识及亲子服务。2014 年，内阁府、文部科学省和厚生劳动省制定了认定儿童园的认定标准并颁布了《儿童园法》，认定儿童园包括四种类型，分别是幼保联合型、幼儿园型、保育所型和地方载量型。

幼保联合型认定儿童园具备学校及儿童福利机构的性质，一般是周六开园，开放时间为 11 个小时，从事托育服务的教师应具有幼儿园教育及保育士的资格。

幼儿园型认定儿童园是指具有幼儿园及保育所性质的园所，其开放日及开放时间视当地的情况而定。

保育所型认定儿童园的性质是具备一定的儿童福利设施，兼具保育所及儿童园的性质，开园日为周六，开放时间为 11 个小时。

地方载量型认定儿童园具有幼儿园和保育所的功能，其开园日及开放的时间视当地的情况而定。

幼儿园型认定儿童园、保育所型认定儿童园、地方载量型认定儿童园要求教师具有幼儿园教育或保育士资格，最好两种都具备，如果照顾的对象是 0～3 岁的婴幼儿，就必须具有保育士资格。

认定儿童园并不是新设立的托育服务机构，幼儿园及托育机构认定的标准包括两个方面。

第一，可以为 0～5 岁的儿童提供保教一体化的托育服务内容，招收条件较为宽松，托育儿童的服务不将父母是否就业纳入考察范围。

第二，申请的机构具备帮助当地的育儿家庭抚养子女的能力，例如相关的育儿资讯、亲子活动等。

满足以上条件的托育机构或幼儿园就可以申请认定儿童园，认定成功后，原来的托育机构或幼儿园的资质将不予保留。

（四）地域性托育服务

为了满足日本家庭托育多样化的需求，尤其是促进针对 0～3 岁婴幼儿的托育服务的提升，日本政府开始建立 0～3 岁婴幼儿托育服务机构，并且还专门设立了地域性托育服务机构，地域性托育服务机构分为家庭托育、小规模托育、企业内托育、居宅访问型托育。

三、财政支持

日本政府主要通过三种方式对托育事业进行财政支持。一是自 2014 年起提高消费税率确保政府财政供给，消费税增收部分的 95% 用于充实社会保障，5% 用于儿童及育儿援助经费，以提高幼保一体化服务质量和数量。二是政府为托育机构提供财政补贴，政府按照保育儿童年龄和数量对保育园和认定儿童园进行财政补贴。三是针对家庭实施弹性的保育费用减免，根据孩子数量提供对应的保育费用，对多子女家庭实行第 1 个孩子全额、第 2 个孩子半价和 3 个孩子及以上免费的政策。2017 年起，面向低收入家庭实行 0～2 岁婴幼儿入托免费政策。[1]

从 2013 年开始，日本政府开始逐渐提升保育士的薪资补助待遇，其财政的来源主要是日本的消费税增税。为了促进托育服务行业的发展，减少行业人才的流失，日本在 2017 年还规定了保育士的特别津贴，这些津贴主要发放给那些工作经验较为丰富、托育能力强的托育服务人员。如托育服务工作经验达到 7 年以上、在 4 个职业领域内进行了一定标准的培训并符合其他津贴补助标准的副主任保育士可以领到每月 4 万日元津贴。托育服务的工作经验达到三年以上，在职业领域内进行了一定标准的培训，每月可以有5 000 日元的津贴。[2] 日本通过改善托育服务人员保育士的待遇，鼓励保育士进修成长，提高其托育服务技能及托育服务理念，进一步提升了托育服务人才的质量。

四、准入资格及规范

1948 年，日本卫生和福利部颁布了第一个有关托育机构环境设置的文件《关于儿童福利设施的设置及管理的标准》，这个标准对托育机构的设施

---

① 肖子华.日本托育情况及育儿支持制度的启示 [J].人口与健康，2020（09）：23.
② 康璐昕.日本学前儿童托育服务体系研究 [D].延吉：延边大学，2020.

设备、人员配置、质量评估等多方面进行详细说明。2017年，日本颁布了新的《关于儿童福利设施的设备及运营基准的规定条例》，对托育机构的空间安排、师生比例、安全保障等方面进行更加严格和具体的规范。该条例强调其为托育机构设施的最低标准，托育机构不得低于该条例的最低标准。例如，针对儿童人均面积，规定保育所婴幼儿人均面积不低于3.3平方米。[①]

五、托育师资队伍

日本的托育服务从业人员统称为保育士，保育士的服务对象是0～5岁的孩子，主要负责的对象是0～3岁的婴幼儿，日本的学前教育服务及幼儿园教师的职责是服务3～5岁的学龄前儿童。

日本早期对保育士的要求是照看低龄的学龄前儿童，随着学前儿童托育服务的不断发展，对保育士的要求也越来越高。1948年，《儿童福祉法实施令》对早期保育士资质进行了规定，规定"保姆应毕业于厚生劳动省制定的保姆养成学校或通过保姆考试"。2001年，《儿童福祉法》对保育士资格进行法定化，定义为"具备专门的知识及技术，对儿童保育并对儿童家长、监护人进行托育相关指导，并以之为职业者"，要求保育士必须是从学校教育法规定的高中或中等学校毕业并进入大学完成规定课程的，并且持有"保育士资格课程毕业证书"或"保育士考试合格证书"，还对保育士的专业资质和社会身份进行了规范。2017年，日本颁布《保育士职业生涯研修指针》确立了保育士在职研究制度，由都道府县或都道府县知事制定的研修实施机关作为研修的主管机构，研修分为专门领域研修、管理研修及保育时间研修，促进了保育士专业化制度建设。[②]

（一）保育士培养的相关课程

培养保育士的课程主要由专业课程、通识课程组成，其中专业课又可以分为必修课与选修课，必修课包括学前教育儿童保育、学前教育儿童教育原理、学前教育儿童发展心理学、学前教育儿童保健、学前教育课程论、婴儿托育、特殊儿童托育、绘画、音乐、语言等课程。通识课程主要由各大培养

---

① 时扬.婴幼儿托育服务政策的国际比较及对我国的启示[D].上海：华东师范大学，2019.

② 同上。

院校根据实际需要自主设定，需要遵循的是通识课程的设定要与专业课程之间有一定的关联，要能引起学生的兴趣。2003 年，日本厚生劳动省颁布了《开设保育士资格课程院校的制定基准与运营基准》，按照相关规定，申请认证合格的院校可以开设保育士培养课程，相关院校的学生需要修满专业课程及通识课程规定的学分，在取得"保育士资格课程毕业证书"之后，经过保育士认定机构鉴定即可获得保育士资格。①

（二）保育士资格考试

保育士资格还可以通过参加资格考试获得，资格考试一年举行两次，分为笔试和技能考试两大部分，只有通过笔试之后才能参加技能考试。每门考试成绩需要在总分的 60% 以上，笔试的各科目考试及技能考试可以分开考，所有的科目需要在三年内全部考完，这样才可以获得保育士资格。

保育士资格考试涉及的科目包括社会福利、儿童福利、发展心理学、精神保健、学前儿童保健、学前儿童营养、保育原理、教育原理、保健原理、托育服务实习理论。

（三）保育士的在职培训

保育士的专业素养及能力培养需要随着时代及市场的需求不断提升，因此日本通过对保育士进行在职培训、职场外培训、自我钻研等来实现保育士能力的提升。相关的保育士培养的政策有《保育所保育指南》《保育士职业生涯研修指针》等，培训的方式主要有以下三种。

第一种是小组学习，这种培训方式指的是将学员分为若干组，根据各组的课题进行创造性的发挥，然后在小组内分享与学习。分享的要素可以根据从业经验、托育技巧、不同婴幼儿年龄特征等进行组合，最后就结果进行共享交流，使培训效果更明显。

第二种是对已有的材料和经验活学活用，大量的实证材料对促进在职培训的有效性具有重要的意义。可以将收集的现有资料和诸多问题在培训时进行共享。例如，将日常的托育服务日志进行整理，在培训中心可以将这些日常的工作成果加以利用，提高培训效率。

第三种是开展在职培训，可以通过公开的托育服务活动来开展在职培训，这样可以向其他保育士展示自己的托育服务能力，并且接受其他人对自

---

① 康璐昕. 日本学前儿童托育服务体系研究 [D]. 延吉：延边大学，2020.

己的评价，虚心接受不同保育士的建议。除此之外，还可以去其他保育士开展的托育服务活动参观，不断提升自己的托育服务水平。

第四节　其他国家托育服务政策概述

一、澳大利亚

（一）托育服务政策的实施主体

澳大利亚负责托育服务的主要部门是澳大利亚早期发展调查局，它负责全国范围内的托育服务相关的数据监测，为政策的制定提供数据支持。澳大利亚教育部主要负责 0～3 岁婴幼儿的早期教育和学校教育，澳大利亚卫生部主要负责 0～3 岁婴幼儿的健康及疾病预防工作。另外，澳大利亚托育服务涉及的财政支持、社会保障及疾病预防等相关工作，都分布在政府的其他部门。

（二）服务模式

澳大利亚政府批准的托育机构主要分为全日托中心、家庭日托和家中护理、临时托管机构、校外托管机构，前三大机构包含 0～3 岁的婴幼儿托育服务。其中，校外托管机构数量占比最大，其次是全日托中心。

首先来讲全日托中心，主要的服务对象是 0～6 岁的儿童，提供的是全天或若干小时的托育服务，主要是根据国家规定的儿童发展的需要、兴趣、经验等建立起来的一种托育模式。一般全天的托育服务时长是 8 个小时，每年的服务时间至少为 48 周，全日托中心的性质包括私营、地方委员会、社区、个体、非营利性组织等。[①]虽然全日托中心的数量没有校外托管机构的数量多，但多数的家庭更倾向于选择全日托中心来照看他们的子女。

其次是家庭日托和家中护理，它提供的是在家庭开设的具有较强自主性与灵活性的托育服务，开设家庭日托和家中护理的保育员需要取得国家规定的保育员资格才能注册托育服务机构，这种机构主要适用于父母工作较为偏远的家庭。

---

① 　王春亚 . 澳大利亚儿童保教机构的类型及政府资助概述 [J]. 当代学前教育，2012（01）：40.

最后是临时托管机构，这种机构主要是给临时有事不能照看子女的父母提供暂时性的托育服务，常常设立在体育娱乐中心或社区中心，该机构的数量较少，父母使用的服务频率也较低。

（三）财政支持

澳大利亚联邦政府通过立法对托育服务进行财政支持，政府是托育服务的主要财政支持者，平均每年的财政支持在 50 亿美元之上，目前还处于增加的阶段。[①] 澳大利亚还投入了 35 亿澳元来支持《儿童保育一揽子计划》。《儿童保育一揽子计划》对澳大利亚传统的早期教育、保育系统进行了重大的改革，加大了对托育服务的财政支持力度，帮助 100 万户澳大利亚家庭减轻了保育费的压力，并使更多的婴幼儿从早期的教育中获益，为新型的保育系统奠定了基础。

对残疾的特殊儿童，澳大利亚联邦政府也制定了相应的政策，例如"残疾儿童更好的开端"，规定有 7 岁以下的特殊儿童的家庭最高可以获得 1.2 万美元的资助，每个财政年度最多可以使用 0.6 万美元，规定该费用主要用于支付早期的干预治疗及相应的服务。

（四）托育机构准入资格及规范

2009 年，澳大利亚联邦政府颁布的《早期儿童教育与保育国家质量标准》（简称《国家质量体系》）规定了将教育机构与保育机构相结合的原则，这一原则为澳大利亚的托育服务机构的设置提供了依据。《国家质量体系》颁布的目的是保障本国儿童的安全、健康及福祉，通过提供早期的托育服务，实现保育与教育相结合，促进儿童早期的全面发展。

澳大利亚联邦政府专门设置了澳大利亚儿童早期教育和保育质量局，其主要职能是促进、监督《国家质量标准》在全国范围内的实施，早期教育和保育质量局通过构建新的质量评价系统，来确保每个家庭都能全面了解托育机构的教育质量相关工作的进展，实现了澳大利亚托育服务制度体系的构建。

关于人员配置，澳大利亚对全日托中心配置的托育服务人员的比例有如下规定：0～2 岁婴幼儿与服务人员的比例为 4∶1，即每 4 个婴幼儿需要配备 1 名教师，2～3 岁婴幼儿与服务人员的比例为 5∶1。对托育机构场

① 时扬.婴幼儿托育服务政策的国际比较及对我国的启示——以美英日澳四国为例 [D].
上海：华东师范大学，2019.

地的规定要求所有的设备、家具等需要保持清洁、安全，如果检查不合格将会处以 2 000 澳元的罚款。

（五）托育师资队伍

20 世纪澳大利亚托育服务的市场化的性质较为明显，托育机构主要以私有制或个体的性质存在，托育服务从业人员的专业素质及专业能力存在着差异。当前，澳大利亚国内出生率处于低迷的状态，政府开始发挥力量加大对托育服务市场的干预。澳大利亚联邦政府对托育机构的师资培养主要强调的是构建教师职业资格认证与从业资格标准体系，促使教师队伍的专业素养及专业能力得到提升。对托育服务机构师资队伍的建设，主要从指定行业从业规范上来不断提高行业准入门槛，进一步构建政府与社会的监督机制，完善师资认证制度。针对托育服务师资队伍参差不齐的状态，政府制定了专门的认证制度，并且将师资的培养上升到国家层面，进一步提高了托育服务的质量。

二、南非

南非制定了国家儿童早期综合发展政策，该政策具有综合性，主要表现在其涵盖儿童发展的各个阶段，同时也包含着对残疾及智障儿童的相关规定。国家儿童早期综合发展政策的目的包括四个方面，首先是建立从中央到地方的儿童早期发展服务体系，促进婴幼儿身心的全面发展；其次是进一步明确各部门在项目发展中的职责；然后是进一步明确婴幼儿早期发展服务的提供者及其职责；最后是在全国范围内建立儿童的早期教育综合机制，促进早期教育与时俱进。该政策设立了三个阶段的目标，见表 3-1。

表 3-1　国家儿童早期综合发展政策三个阶段的目标

阶段目标	相关内容
短期目标	到 2017 年建立必要的法律体系和较为完善的组织机构及体制架构，不断落实发展政策的相关规划，确保儿童早期教育得到保障
中期目标	到 2024 年建立满足婴幼儿托育、儿童托育及监护人需要的托育体系，实现早期教育有质量的发展，建立起不同年龄阶段早期教育的标准
长期目标	到 2030 年建立起有质量、能满足 0～5 岁儿童及婴幼儿需求的托育服务，促进服务体系的发展与完善，确保相应的标准及体系完成构建

南非政府针对 0 ～ 3 岁婴幼儿建立的托育相关政策是《早期教育促进计划》，该计划的目的是为 0 ～ 3 岁婴幼儿提供早期的照料及教育的服务，促进婴幼儿语言、智力、社交、认知等方面全面发展。服务涵盖家庭教育、基本医疗服务、家访、保育机构、托育机构、社区早期学习计划等，该计划预计到 2030 年实现高质量的托育服务的构建，为婴幼儿早期的发展奠定坚实的基础。

三、爱尔兰

爱尔兰颁布了《儿童保育法》，进一步完善了儿童的权利，规范了儿童保育相关的规范。2016 年，发布了《儿童保育原则》，规定了要开展市场化的托育服务需要在主管部门进行注册，从事托育服务的人员需要具有五级资格证书。[①] 托育服务人员要遵循管理条例，明确照看职责，定期接受相关的专业培训，不断提升托育服务水平。

四、加拿大

2017 年，加拿大颁布了《儿童早期教育和保育框架》，为了实现加拿大儿童早期教育及托育水平高质量的发展，需要配备优秀的教育人员，同时还要为儿童提供良好的成长环境。政府及各省政府需要进一步加大对儿童早期教育的财政支持，保障相关的服务配套设施的建设，地方政府还要进一步关注土著民族及当地的低收入、单亲、残疾家庭，给予其额外的资助。[②]

五、法国

法国托育服务机构的主要负责部门是卫计委和教育部，卫计委的主要职责是负责 0 ～ 3 岁婴幼儿的托育工作，教育部则负责 3 ～ 6 岁儿童的教育工作。[③] 法国的托育服务主要以市场为主导，充分发挥市场的优势发展托育服务，政府所起的作用是进行准入资格的认定，制定相应的卫生指导方案，促进托育服务卫生、健康、安全方面的建设。

---

① 佘宇，顾严.点亮未来构建中国幼有所育政策体系研究 [M].北京：中国发展出版社，2019：68.

② 胡雅莉.加拿大安大略省儿童早期教育对我国 0 ～ 3 岁托育服务发展的启示 [J].陕西学前师范学院学报，2020（01）：27.

③ 陈偲.法国公共托育服务发展经验及其启示 [J].人口与健康，2019（08）：18.

六、丹麦

丹麦的托育服务构建较为完善，能为 0 ～ 5 岁的儿童提供各项高质量的服务。丹麦目前建立的托育服务机构主要是政府主导的公共托育服务机构、市场主导的托育服务机构，目前主要有公共育儿服务机构、日托中心、私人托育中心、外包托育中心、私人托育中心、私人日托中心。政府占主导地位，提供约 75% 的经费。①

本章小结

美国、英国、日本的托育服务在国际上处于领先地位，其托育政策具有一定的代表性，从托育政策上看，各国具有共同的目标，即追求教育的公平，尊重儿童早期的发展规律。各国都非常注重早期教育所带来的附加价值，早期教育的投入可以对国家的经济、社会、文化等领域有积极的推动作用，各国在教育理念、教育价值观及多元化的托育服务构建上有着一定的共性，主要表现在以下几个方面。

第一，西方国家较为重视政府的主导力量。托育服务属于公共服务范畴，具有公益性、社会性、服务性的特征，托育服务将经历从无到有、从小到大、从简到繁、从单一到多元的发展，因此政府的宏观职能主要表现为各种政策、法规等的出台与实施，这些举措都是以广大人民利益为出发点来制定的。

第二，各国的托育服务是基于社会发展的现实状况来制定的。托育服务政策具有社会性，主要表现在托育服务的制定是基于社会问题的，体现了以社会发展为导向的宗旨。

第三，托育服务的教育理念是以儿童为本，各国非常重视儿童的早期发展，制定了以儿童为本的托育服务政策，在制定与实施的过程中，以儿童发展为出发点，尊重儿童的独特性，促进其个性发展，实现教育从出生抓起，为之后的教育奠定坚实的基础。

第四，各国的托育服务政策既体现了教育的公平，又进一步促进了社会的公平。托育服务的教育公平主要体现在托育服务是面向所有家庭的所有婴幼儿的，托育服务可以通过多样化的方式来满足不同家庭的托育需求。托育

---

① 佘宇，顾严.点亮未来构建中国幼有所育政策体系研究 [M].北京：中国发展出版社，2019：69.

服务的公平性还体现在帮助有困难的家庭或残疾的儿童，促进婴幼儿的健康发展。

第五，各国托育服务的多元化发展，主要体现在托育服务由于社会、历史、文化、发展水平的不同，形成了多元化的服务模式，促进托育服务由单一模式朝着多元化的政府、家庭、社区、企事业单位综合模式发展，使良好的社会大环境与托育环境得到优化，充分为婴幼儿的成长提供良好的条件。

我国在开展托育服务时要充分结合当前、当地的现状制定相关的托育服务策略，可以借鉴各国的托育服务举措，寻求先进的托育服务理念，促进托育服务在政策制定、具体落实上的优化。

第四章　国内托育服务政策现状

第一节　香港特别行政区托育服务政策现状

一、香港托育服务的发展

香港托育服务的发展分为四个阶段——萌芽期、开创期、意识期、整合期。香港托育服务最早产生于 1860 年，为英国嘉诺撒修会设立的弃婴收容所。

1878 年，慈善机构保良局成立，以"保赤字良"为宗旨，初期设立的目的是防止诱拐，保护无依无靠的妇女与儿童，辅助调节家庭及婚姻的纠纷。

1848 年，香港特别行政区成立了社会福利办事处，提供家庭及儿童照顾相关的服务。

1975 年，通过了《幼儿中心条例》。

1986 年，社会福利署与香港社会服务联会成立了联合工作小组，编纂了《日间幼儿园活动指引》。

1995 年，统一学前服务条例。

1997 年，香港立法局通过了《新修订幼儿中心条例》，将幼儿托管人及互助幼儿小组纳入管制范围。

1999 年，发布《幼儿服务规例》，原来的《幼儿中心条例》被废除，促进了幼儿托育水平迈向新的台阶。

2005 年，通过了《2005 年幼儿服务（修订）条例草案》，将其作为配合学前服务的推行措施。

二、香港家庭看护 0～3 岁婴幼儿现状

香港特别行政区针对婴幼儿的公共设施较为齐全，一般的商场、餐厅等均设有婴儿护理室及婴儿座椅等。对香港的多数家庭来说，生育子女困难较大，突出表现在上幼儿园之前的几年里，香港特别行政区的产假平均是 2.5 个月，与内地相比较少。就工作节奏看，产后的妇女需要在工作上付出更多的时间与精力。另外，由于香港人口密集，人均居住面积较小，不会与父辈同住，因此在看护孩子上面临着较大的压力。香港的全日制托儿所屈指可数，名额也较少，这就使婴幼儿的托育更加困难。

三、香港特别行政区的托育服务

香港特别行政区的托育服务（日间幼儿照顾服务）由香港特别行政区政府社会福利署主管，资助非政府机构为因工作或其他原因暂时未能照顾子女的家长提供多元化的幼儿照顾服务，主要分为两大类。一类是提供长期幼儿照顾服务的日间幼儿中心、幼稚园暨幼儿中心、留宿幼儿中心和特殊幼儿中心，另一类是提供短期幼儿照护服务的暂托幼儿服务、延长时间服务、互助幼儿中心和邻里支援幼儿照顾计划。[①]

（一）长期幼儿照顾服务

从事长期幼儿照顾服务的主要是独立幼儿中心、附设于幼稚园的幼儿中心和互助幼儿中心，它们为 0～3 岁的婴幼儿提供日间照顾服务。独立幼儿中心的服务费用由社会福利署进行批核，而附设于幼稚园的幼儿中心服务费用则由教育局幼稚园及幼儿中心联合办事处批核。如果低收入家庭的幼儿需要全日制托管服务，就可以向在职家庭及学生资助事务处申请"幼稚园及幼儿中心学费减免"，以获得部分或全数服务费用的减免。

互助幼儿中心是指社区为协助解决幼儿照顾需要，发挥邻里互助精神而形成的以社区为单位的互助中心，一般由非营利组织管理运营，最多可为 14 名幼儿提供照顾服务。截至 2020 年 7 月，香港地区共有 19 家互助幼儿中心。

---

① 香港特别行政区政府社会福利署.日间幼儿照顾服务[ED/OL].(2005-09-10)[2021-08-15]. https://www.swd.gov.hk/tc/index/site_pubsvc/page_family/sub_listofserv/id_childcares.

（二）短期幼儿照顾服务

短期幼儿照顾服务包括暂托幼儿服务、延长时间服务及邻里支援幼儿照顾计划。

暂托幼儿服务是指部分独立幼儿中心和幼稚园暨幼儿中心为有需要的幼儿家庭提供全日、半日或每天 2 小时的照顾服务，以协助需要处理临时突发事件或其他事宜的家长。

延长时间服务是指部分独立幼儿中心及幼稚园暨幼儿中心为有需要的幼儿家庭提供延长时间幼儿照护服务，服务时间一般为工作日下午 6 点到 8 点、周末下午 1 点到 8 点。

邻里支援幼儿照顾计划又称爱心社区保姆服务，是由社会福利署自 2011 年起开始常规化推行的为 9 岁以下儿童提供的具有弹性的幼儿照顾服务，主要包括家居照顾服务和中心托管小组。该计划的服务宗旨是从邻里层面提供家庭或中心托管形式的幼儿照顾，减少独留儿童在家发生意外的情况。[1] 主要服务对象为需要长时间工作、工作时间不稳定或有临时紧急情况无法照顾幼儿的家庭父母，可以使因经济困难等原因未入机构托育的幼儿家庭的托育问题得到解决。该计划由富有幼儿照顾经验的机构管理运营，该机构与社会福利署签订服务协议，招募家庭主妇、义工等作为社区保姆，并为社区保姆提供培训。

四、香港特别行政区保良局的托育服务

保良局发展到现在已经成为一个强大的社会服务机构。保良局为 0～6 岁的幼儿提供服务，其目的是满足 0～6 岁的幼儿及家庭的需要，为幼儿提供多元化的服务良好的环境，同时也让家长安心外出工作。保良局提供日间育婴服务、幼稚园幼儿园服务、学前特殊教育服务及其他服务。

日间育婴服务的宗旨是满足社会与家庭的需要，提供多元化的育婴服务，使婴幼儿获得优质的照顾与培育。日间育婴服务的目标首先是通过悉心、妥善的照顾使婴幼儿在有爱的环境下健康快乐地成长，其次是促进婴幼儿在具有启发性的环境下，充分满足其体能、情绪、社交、自理、语言、认知等发展与需要，为婴幼儿的成长奠定良好的基础。主要的服务单位有莫庆

---

[1] 郑静.我国内地社区公共托幼服务构建的思考——基于港台经验的视角 [J]. 教育与教学研究，2018（12）：62.

尧育婴园和廖笑霞幼稚园，它们主要招收 0 ～ 2 岁的婴幼儿，服务的时间是周一到周五的 8 ：00 ～ 18 ：00 和周六的 8 ：00 ～ 13 ：00，其收费的标准是经过社会福利署核准的，属于非营利性的育婴园，为学前婴幼儿提供相应的照料，致力于为有需要的婴幼儿及家庭提供多元化的日间护理及培育服务。

保良局的幼稚园及幼儿园主要招收 2 ～ 6 岁的儿童，目的是配合家庭与社会的需要，提供多元化的幼儿服务，帮助幼儿获得照顾及教育，其主要目标有以下几点。

第一，提供耐心、细心的照顾与关怀。

第二，培养幼儿探索及自学精神，为其终身学习奠基。

第三，根据幼儿发展需要，定时检讨跟进，设计以幼儿为本的课程，帮助他们获得全面发展。

学前特殊教育服务是为 0 ～ 6 岁有特殊学习需要的幼儿提供早期学习训练、言语治疗、物理治疗及职业治疗等服务，让他们在合适和被接纳的环境下成长、学习、发展潜能。

第二节　澳门特别行政区托育服务政策现状

澳门特别行政区托育服务的基本政策为"以家庭照顾为核心，托儿服务做支援，培育发展予辅助"，托育服务属于社会福利，以 0 ～ 3 岁的婴幼儿为主要对象，而教育、培育的目的放在次要的位置。托育服务有社会工作局主管，鼓励条件允许的家庭亲自或安排亲友为幼儿提供稳定和个别的照顾和培育。[①]

一、托育服务政策

2012 年，澳门特别行政区社会工作局的相关专家结合现有的理论及本地的特色编制了《托儿所活动指引及活动资源库》，进一步完善了澳门特别行政区的托育服务。[②]

---

① 澳门特区托儿服务资讯网 . 基本政策 [EB/OL].(2018-01-11)[2020-08-15]. https ：//www.childcare.ias.gov.mo/basicpolicy.

② 澳门特区社会工作局 . 托儿所活动指引及活动资源套分享会 [EB/OL].(2019-11-23)[2020-08-15].http ：//www.childcare.ias.gov.mo/activity/news ？ newsId=DFDED427271F43379BB23B4C8E021537.

2018 年，澳门特别行政区政府根据《托儿所服务需求调查与政策规划研究》报告结果，制定了《澳门特别行政区 2018 至 2022 年托儿服务规划方案》，为未来 5 年澳门特别行政区政府托育服务提供了行动纲领，明确要求社会工作局与托儿所及相关业界共同努力，使托育服务更加符合幼儿身心健康发展及社会需要，建立适合幼儿健康生活和成长的家庭友善城市，该规划方案的主要目标有以下三点。一是确保托育名额合理分配，使 3 岁以下幼儿托育人口占比达 55%，并且保障弱势家庭可优先获得幼儿照顾服务。二是持续提升托儿所服务质量，进行持续评估并优化设施运作、设备安全和培育素质，提高托儿所从业人员的专业水平。三是拓展新型托儿服务及其他育儿支援措施，以满足婴幼儿和家庭的不同需求。[①] 针对这三个目标，澳门特别行政区政府以 2018 年至 2022 年为一个周期，分别制定了不同阶段的执行方案。

1999 年，澳门特别行政区政府颁布《托儿所之设立及运作之规范性规定》，并且先后 3 次进行修改，该规定对托儿所设立和运作的基本条件、选址及设置、安全保护条件、活动空间范围及托儿所内部设施进行了明确规范。

二、托育服务类别

澳门特别行政区托儿所旨在为日间外出工作或因其他原因无法照顾幼儿的家长提供幼儿照顾服务，为幼儿提供安全健康的成长环境并激发其各方面的潜能。托育服务主要分为以长期照顾为主的托儿所全日班，以短期照顾为主的托儿所紧急、临时暂托服务以及特殊托育服务。此外，托儿所半日班也为有需要的家庭提供辅助服务。[②]

（一）长期照顾服务

长期照顾服务主要包括全日班，分为受政府资助托儿所和非受资助托儿所。服务对象为 3 月龄至 3 岁的婴幼儿，服务内容主要包括日常照顾、体格健康检查、膳食供应、生活训练和培育活动。

全日制的婴幼儿年龄为 3 ～ 36 个月，托育的时间是周一到周六，全日

---

① 澳门特区托儿服务资讯网.澳门特别行政区 2018 至 2022 年托儿服务规划方案 [EB/OL].（2017-12-27）[2020-08-15]. Availablefrom：https://www.childcare.ias.gov.mo/upload_files/2017/12/27/20171227-2.pdf.

② 澳门特区托儿服务资讯网.托儿所服务类别 [EB/OL].（2020-10-11）[2020-08-15]. https://www.childcare.ias.gov.mo/servicetype.

制的托育服务内容涉及基本照顾、体格及健康检查、午餐及茶点、生活训练、习惯训练、午睡等。半日制的班主要招收 1～3 岁的婴幼儿，托管的时间是周一到周六的上午或下午，其托育内容与全日制有所差别，注重婴幼儿各项能力的提升，特别是生活能力、社交能力等方面的培养，部分的半日制托育机构不提供午睡服务。

从托育的性质来看，澳门特别行政区的托育服务机构均为民办性质的，这类民办性质的托育机构又可以分为受资助托儿所与非受资助托儿所，即是否享受政府的资助。受资助的托儿所属于公共设施，其主要的服务对象是社会上有困难的家庭；非受资助托儿所则市场化程度较高，盈亏自负。现有的资料显示，澳门受资助的托儿所有 7 所，托育费用在 2 087.5 澳门币，非受资助的托儿所共 4 所，平均托育费用为 4 876.5 澳门币。[①] 以上托育机构统一受社会工作局的监管，需要按照相关的规定开展托育服务。

（二）短期照顾服务

短期照顾服务包括延长托儿时间服务、紧急或临时暂托服务、假日托管服务和共融托儿服务。

延长托儿时间服务可在家长未能在幼儿离托时间接回幼儿的情况下，为家长提供较长时间的幼儿照顾服务。紧急或临时暂托服务可在家长遇到紧急或临时问题未能照顾幼儿的情况下，为家长提供短时间的幼儿暂托服务。假日托管服务是指在节假日因为轮班等工作原因或其他情况未能照顾幼儿的家长提供幼儿照顾服务，但家长须统一每月安排 4 天非假日时间亲自照顾幼儿，确保幼儿享有亲子互动时间。共融托儿服务旨在营造友善共融的托育环境，让有特殊需要的幼儿与其他同年龄段的幼儿一起接受托儿服务。

（三）特殊托育服务

特殊托育服务指的是为特殊家庭或特殊婴幼儿提供的托育服务，澳门特别行政区社会工作局联合多个部门出台了关于特殊婴幼儿的托育服务政策，进一步解决了特殊婴幼儿的照顾问题。

首先，特殊托育服务为特殊的婴幼儿提供融合托育服务。

这类托育服务机构并不是独立的、专门为特殊婴幼儿设立的托育机构，

---

① 澳门特区社会工作局 . 托儿所收费一览表 [EB/OL]. （2021-03-02）[2021-08-15]. http://www.childcare.ias.gov.mo/nurserycharge1.

专门设有特殊托育服务的机构需要得到相关机构的评估，在托育方面有一定的特殊需求。特殊托育服务的服务对象有能力与普通婴幼儿在一起生活与成长。这类机构主要招收的是3～36个月的婴幼儿，托育的时间为周一到周六。特殊托育服务根据特殊儿童的情况，进行多方面的干预与培养，帮助他们尽快融入群体的生活。

其次，澳门特别行政区还为弱势家庭的婴幼儿提供优先入托的服务。

其目的是给这些有困难的家庭提供帮助，一般是全日制的托育服务。申请优先入托服务需要满足三个条件[①]：一是婴幼儿必须是澳门特别行政区的居民；二是婴幼儿的家庭要么是单亲家庭要么是残疾人士家庭，且因种种原因无法照顾家中的婴幼儿；三是婴幼儿的家庭收入符合规定的最低收入标准，见表4-1。[②]

表4-1　优先入托家庭人数与收入上限（2～8人）

优先入托家庭人数／人	收入上限／元
2	19 425
3	26 775
4	32 550
5	36 750
6	40 950
7	45 150
8	49 275

再次，为听力障碍的婴幼儿提供托育服务。

澳门特别行政区社会工作局在嘉模托儿所开设了手语双语共融托育服务，其目的是为有听力障碍的婴幼儿提供手语、口语并行的双语环境，让婴幼儿在双语的环境下获得多种感官刺激，促进其能力的提升。该服务还帮助有听力障碍的婴幼儿的父母学习如何与婴幼儿交流与沟通。

最后是提供儿童综合评估中心服务。

① 刘友棚，费广洪，刘佩云．澳门特区婴幼儿托育服务发展经验及启示[J]．教育探索，2020（03）：26.

② 澳门特区社会工作局．弱势家庭婴幼儿优先入托制度[EB/OL]．（2019-11-23）[2021-08-15].http://www.childcare.ias.gov.mo/s_vulnerable-regulation.

澳门的儿童综合评估中心主要是为 0 ~ 6 岁的儿童提供一站式的成长评估服务，对儿童的各项指标及早评估、及早发现、及早诊断、及早治疗，对存在有障碍或疑似障碍的儿童进行针对性的治疗，配备专业的医师和专门的疗养机构。

最后是提供亲子馆服务。澳门特别行政区特别注重 0 ~ 3 岁婴幼儿的亲子陪伴时间，设置了亲子馆来增进父母与婴幼儿的互动。亲子馆所提供的服务包括基本服务、馆内活动、馆外活动等。亲子馆设有各种各样的亲子游戏，可以促进父母与孩子之间的亲子关系。另外，亲子馆的设立还可以进一步推行亲子的教育理念，提供适合婴幼儿生长的环境。亲子馆内也设有托儿所，托儿所根据年龄的不同设置不同的活动区域，每个区域都设有专门的指导人员，使家长能更好地陪伴婴幼儿玩耍，促进和谐、共生的家庭关系的形成。

第三节　台湾地区托育服务政策现状

20 世纪 60 年代以来，台湾地区经济飞速发展，女性逐渐由家庭走向社会，双薪家庭成为台湾地区的主要家庭模式。此外，台湾地区"少子化"问题日益突出，人口生育率低，家庭养育孩子的压力大。因此，为了满足广大婴幼儿家长的育儿需求，缓解家庭育儿压力，促进生育，台湾地区多年来致力于建立公共托育体系，现已基本形成相对完备的体系。

一、托育服务政策的实施主体

2004 年，台湾地区卫福部社会及家庭署确定了儿童少年福利机构法制化措施，将建立托婴中心纳入立法程序。2008 年，台湾地区在《人口政策文书中》指出，应健全家庭儿童照顾体系、提供育儿家庭之经济支持、营造友善家庭之职场环境、改善产假及育婴留职停薪措施，积极构建公共托育体系，为家庭婴幼儿养育提供良好的环境。2012 年，台湾教育行政部门颁布《幼儿教育及照顾法》，将托儿所和幼稚园合并为幼稚园，主要服务对象为 2 ~ 6 岁的幼儿，隶属教育局管辖。0 ~ 2 岁婴幼儿的托育服务由托婴中心提供，隶属社会局管辖。[①]

---

① 杜丽静，冯丽娜.我国台湾地区 0 ~ 2 岁公共托育经验的借鉴 [J].早期教育（教师版），2017（12）：23.

二、服务模式

中国台湾地区托育服务根据家庭需求和社会责任进行划分，形成了多种类融合的服务模式，为不同需求的婴幼儿家庭提供服务，主要分为居家式托育（保姆照顾）、托婴中心、幼儿园及课后照顾。[①]

居家式托育是指儿童的三等亲之外的人在其住宅中照护未满6周岁的儿童，从业人员具有资格证书。托婴中心可分为公立和私立托婴中心，为0～2岁儿童提供托育服务，服务内容包括生活照顾、发展学习、卫生保健等。幼儿园是指提供幼儿教育及照顾的机构，主要的服务对象是3岁以上的学龄前儿童，通过家庭与社区配合维护儿童身心健康，帮助儿童养成良好的生活习惯和社会交往能力。课后照顾包括两种，一种是由公立或私立国民小学设立的提供儿童课后照顾服务的课后照顾服务班，另一种是儿童课后照顾服务中心。由乡镇公所、私人或团体设立的课后照顾机构，主要的服务对象是国民小学阶段的儿童。

此外，根据托育时间可分为全日、半日、日间和临时托育模式，并且还为有特殊需求的婴幼儿提供特殊的托育照顾服务。

三、财政支持

为缓解婴幼儿家庭和托育机构的经济压力，中国台湾自2008年起积极发展公共托育服务，通过财政为家庭托育和机构托育提供补贴，先后出台了《保姆托育管理与托育费用补助实施计划》《公私协力平价托婴中心补助计划》《育婴留职津贴》等政策。由于《育婴留职停薪津贴》仅适用于在职父母，2011年12月出台的《父母未就业家庭育儿津贴实施计划》扩大了儿童照顾政策受益范围，使未就业父母的育儿压力得到缓解。

四、托育机构准入资格及规范

在托育机构的规范方面，2013年台湾卫福部社会及家庭署修订《托婴中心评鉴作业规范参考范例》，进一步对托育机构管理、服务内容、卫生保健等进行要求和规范。各地市在此基础上分别出台了各项规定，对托育机构的地点及场地布置等进行了规范，例如台北市2016年出台了《台北市社区

---

① 田茂，王凌皓.台湾地区托育服务的功能及启示[J].现代教育科学，2017（03）：155.

公共托育家园（原社区公共保姆）试办计划》，对公共托育机构进行了规范，要求机构选址以建筑物地面一楼至三楼为限，合计面积应达 35 平方米以上，以便为婴幼儿提供足够的活动空间。①

五、托育师资队伍

在师资队伍建设方面，根据地区政府《幼儿教育及照顾法》的规定，幼儿园根据儿童数量需要配置相应数量的幼儿园教师、教保员、助理教保员、学前特殊教育教师及社会工作者等。② 不同地市在托育师资的管理规范上有所不同，以新北市为例，新北市社会局规定公共托育中心可容纳 45 名婴幼儿，根据婴幼儿年龄划分班级，每个班级至少配备 3 名教保员。根据《儿童及少年福利机构专业人员资格及训练办法》和《儿童及少年福利机构专业人员相关科系对照表》，托育机构内的教保员必须为幼儿教育相关专业毕业并具有大专以上学历，需要完成幼儿教育学课程或保姆核心课程，考取台湾地区的保姆证。③ 保姆证书考试由中国台湾行政院劳委会主办，主要考察儿童及少年福利与法规、婴幼儿发展、亲子教育及托育服务概论等内容。

第四节　其他地区托育服务政策现状
——以南京、北京、上海为例

随着我国社会的进步、市场化经济的推进和家庭需求的发展，我国托育政策不断地进行调整和变革。在计划经济体制时期，各企事业以免费或低廉的价格为职工提供托儿所等福利性服务，比较有代表性的政策有以下几项。

1980 年，卫计委颁布了《城市托儿所工作条例（试行草案）》，确定了我国托儿所制度，明确了托儿所的性质，规定托儿所是 3 岁前儿童集体保教机构，必须贯彻实行"以保为主、保教并重"的方针。

1981 年，卫计委在《三岁前小儿教养大纲（草案）》中提出了托儿所教

---

① 郑静. 我国内地社区公共托幼服务构建的思考——基于港台经验的视角 [J]. 教育与教学研究，2018（12）：62.

② 郑静. 我国内地社区公共托幼服务构建的思考——基于港台经验的视角 [J]. 教育与教学研究，2018（12）：115.

③ 杜丽静，冯丽娜. 我国台湾地区 0～2 岁公共托育经验的借鉴 [J]. 早期教育（教师版），2017（12）：23.

养工作的具体任务，明确了托儿所是国家的一项福利保障。

1993 年以后，随着社会主义市场经济的确立，由于企事业单位剥离社会职能、集体经济的萎缩，企事业单位主办的托儿所和幼儿园开始大幅度减少。

1988 年，国家教委等八部委在《关于加强幼儿教育工作的意见》中提出，养育子女是儿童家长依照法律规定应尽的社会义务，幼儿教育不属于义务教育，托幼服务不再是由单位提供的一项集体福利，而是需要向市场购买服务，托幼服务开始走向市场化。

2001 年，国务院发布的《中国儿童发展纲要（2001—2010 年）》中提出，要发展 0～3 岁儿童早期教育，建立并完善 0～3 岁儿童教育管理体制。

2003 年，国务院办公厅转发教育部等部门制定的《关于幼儿教育改革与发展的指导意见》中提道，针对 3 岁以下婴幼儿的托育，政府主要提供科学的育儿指导，其照料责任主要在家庭。根据城乡的不同特点，逐步建立以社区为基础，以示范性幼儿园为中心，建立灵活多样的幼儿教育形式相结合的幼儿教育服务网络，为 0～6 岁儿童提供早期保育和教育服务。

2013 年，教育部发布的《关于开展 0～3 岁婴幼儿早期教育试点的通知》中指出，要在北京、上海等 14 个地区启动 0～3 岁婴幼儿早教试点工作，提出："充分整合公共教育、卫生和社区资源，努力构建以幼儿园和妇幼保健机构为依托，指导家长的婴幼儿早期教育服务体系"。因此，北京、上海等城市为了加强对 3 岁以下婴幼儿照顾的指导以及为有需要的家庭提供规范的托育服务，也陆续出台了相关政策和文件，目的在于加强对婴幼儿照护服务机构的规范管理，提高其服务水平。

一、南京托育服务发展现状

（一）南京托育服务相关政策

在历史上，南京市具有较好的早期教育的基础，是近现代中国儿童早期教育的发源地。早在 1929 年南京就创办了中国历史上第一个儿童早期教育机构。

2011 年，《中共南京市委南京市人民政府关于进一步加强人口服务管理工作的意见》中提出，要加强对 0～3 岁婴幼儿早期发展的指导，提高人口素质。明确由原人口计生牵头，各部门共同推动 0～3 岁婴幼儿早期发展工作，建立 0～3 岁婴幼儿的早期发展示范基地，促进托育服务机构向以私营为主、公共服务为补充的多元化托育服务发展。

南京市于 2012 年出台的《市政府办公厅关于推进南京市 0～3 岁婴幼儿早期发展工作的意见》提出了构建托育服务体系，建立"政府指导、部门监督、市场运作、社区组织、家庭参与"的托育服务模式，构建多元化的服务体系。

2014 年，南京市颁布了《南京市 0～3 岁婴幼儿早期发展均等化促进工程实施办法》《南京市 0～3 岁婴幼儿保育机构资质评估实施办法（试行）》《南京市 0～3 岁婴幼儿早期教养机构设置管理办法（试行）》《南京市 0～3 岁婴幼儿早期发展行动计划（2014—2015 年）》等系列文件，涵盖了组织构架、服务内容、建设标准、考核评估等多方面的内容，有力促进了全市 0～3 岁婴幼儿早期发展工作的健康发展。[①]

2015 年，南京市卫生局纪委对全市的托育服务机构展开了一次排查，结果"符合标准的机构不足 10%，九成以上的机构为无资质机构，市场混淆程度高"。[②] 2017 年，南京市发布了《南京市 0～3 岁婴幼儿早期发展工作提升行动计划（2017—2020 年）》，以发展理念优先、特色鲜明的婴幼儿早期发展服务管理模式，促进家庭、社区、机构服务网络的构建，促进亲子园、育儿园等的规范化发展。南京市政府提出实施"起始计划"，探索推广"1+1+N"普惠型、社区化服务，即 1 个区级指导中心、1 个街道指导站（社区中心站）和若干个社区亲子室组团。

2017 年，南京市发布的关于印发《南京市 0～3 岁婴幼儿早期发展专项资金管理办法的通知》指出，南京市 0～3 岁婴幼儿早期发展专项资金由市级财政设立，纳入市级财政预算管理，完善了托育服务的财政支持。

2019 年，南京市人民政府令第 330 号公布《南京市婴幼儿托育机构管理办法》，该办法自 2020 年 2 月 1 日起施行，建立了托育机构诚信档案，严重失信的主体名单将由相应的行政主管部门向社会公布。《南京市婴幼儿托育机构管理办法》的出台进一步规范了婴幼儿托育机构管理，促进了托育服务事业的健康发展。

南京市还建立了 0～3 岁婴幼儿托育机构登记备案系统，要求南京市的婴幼儿托育机构在该备案系统中备案，还在微信公众号"南京本地宝"中设

① 冯解忧，许巧年 . 南京市 0～3 岁婴幼儿托育服务体系建设 [J]. 中共南京市委党校学报，2018（04）：106.

② 李沛霖，王晖，丁小平，等 . 对发达地区 0～3 岁儿童托育服务市场的调查与思考——以南京市为例 [J]. 南方人口，2017（02）：65.

置了托育机构的相关内容，对市内的托育机构实行统一备案管理。

（二）南京市托育服务的特点

第一，整体统筹，分工到位。

南京市成立了0～3岁婴幼儿早期发展协调小组，该小组由17个部门组成，南京市各区也成立了各自的调查小组来细化政策落实，进行任务分工，明确每个阶段的目标与任务。

第二，卫生计生委主管，联席审查。

0～3岁婴幼儿托育服务的主管单位是人口计生部门，并设立了婴幼儿发展处专门负责0～3岁婴幼儿早期发展工作。另外，其他部门，如民政部负责民办非企业单位的托育机构的登记管理、工商部负责经营性质的托育机构的行政管理。审核登记是建立联席审查制度，区级的卫生计生委召集各部门齐聚现场，对现场进行仔细检查，方便了托育服务机构的建立。

第三，遵循以市场为主、政府引导为辅的服务模式。

南京市的市场经济和民营经济发展较快，取得了一定的成就，南京市鼓励社会力量在托育服务上投入精力，鼓励它们开拓托育服务市场，形成广泛的以社会办园为主的模式。同时，南京市还吸引来一大批的专业人才与连锁机构进入南京托育服务市场，促进南京托育服务市场形成托育理念先进、形式多样化、各具特色的托育机构，满足不同家庭的多元化的托育服务需求。

从以上托育服务的措施及特点来看，南京市托育服务体系的构建脉络清晰，具有完整性与联系性，在实施的过程中明确了责任主体方，确定了与之配套的托育服务机构的服务及设置的标准，南京市作为托育服务的探索先行者，其经验具有可借鉴和参考的意义。

二、北京市托育服务发展现状

北京市根据2019年4月印发的《关于促进3岁以下婴幼儿照护服务发展的指导意见》提出："要发展规范的、多种形式的婴幼儿托育服务，以满足婴幼儿不同的托育服务需求"。主要包括以下几个方面。

（一）积极做好托育服务的顶层设计

北京市的托育服务主要由北京市卫生健康委员会牵头，相关的部门、单位依照各自部门的职责来开展相关的工作。北京市人民政府颁布的《北京市人民政府办公厅关于促进3岁以下婴幼儿照护服务发展的实施意见》（以下简称《实施意见》）中提出，要对婴幼儿照护机构建立登记备案机制，加强事中、事后监督，并且强调要落实安全主体责任。在政策配套方面，通过提供场地、减免租金、公办民营、民办公助、购买服务、加强培训等方式加大对婴幼儿照护服务机构的支持力度。北京市财政局、北京市发展和改革委员会在《关于养老、托育、家政等社区家庭服务业部分收费优惠政策的通知》中也提出，提供养老、托育、家政服务的社区机构，可享受部分优惠政策。为规范托育机构登记和备案管理，北京市卫生健康委员会等多部门出台了《北京市托育机构登记和备案实施细则（试行）》[①]，进行托育机构登记与备案工作。

（二）开展托育服务人才培养

当前，基层的行政管理人员及托育服务机构对托育服务的相关政策较为陌生，为此北京市卫生健康委员会组织开展了基层行政管理人员、托育机构管理者及托育服务人员等人才的培训工作，进一步规范相关的托育流程及政策，引导托育机构朝着规范化的方向发展。在人才培养方面，要制定出托育服务人员的行业标准，包括学历、技能标准等，开发托育服务专业的教材，组建一支高素质、高技能的专业服务团队。在人才培养的过程中，建设专业的托育机构服务人员的实训基地，培养专业的托育服务人员。

（三）规范北京市托育服务机构

2020年4月，北京市对示范性的托育服务机构标准、托育机构普惠性的标准、托育服务人才标准、托育服务监管工作规范、婴幼儿发展测评及评估、婴幼儿照护服务设施设置指标等方面进行了规定，以促进北京市托育服务机构朝着规范化的方向发展。

三、上海市托育服务发展现状

（一）上海市托育服务相关政策

2018年，上海市政府正式印发了《关于促进和加强本市3岁以下幼儿

① 北京市卫生健康委员会，中共北京市委机构编制委员会办公室，北京市民政局，北京市市场监督管理局.关于印发北京市托育机构登记和备案实施细则（试行）的通知[J].北京市人民政府公报，2020（43）：47.

托育服务工作的指导意见》（以下简称《指导意见》），《指导意见》指出将规范幼儿托育服务管理。

上海市人民政府办公厅印发了《上海市 3 岁以下幼儿托育机构管理暂行办法》（以下简称《管理暂行办法》），《管理暂行办法》对可以申报托育机构的举办者的资质、所需材料、从业人员要求以及托育机构的选址和建筑设计上都做了具体的要求和规范，并且明确了上海市托育服务工作由市区两级政府分级管理、相关职能部门各司其职、专业管理机构协调指导、街镇组织实施综合监管的管理体制和工作机制。

上海市教育、民政等 16 家部门共同制定了《上海市 3 岁以下幼儿托育机构设置标准（试行）》（以下简称《设置标准》），《设置标准》规定，单个托育机构的规模不宜过大，应当有利于 3 岁以下尤其是 2 ～ 3 岁幼儿的身心健康，便于进行照护和日常管理。

上海市教委、上海市人力资源和社会保障局发布了《上海市 3 岁以下幼儿托育机构从业人员与幼儿园师资队伍建设三年行动计划（2018—2020年）》（以下简称《三年行动计划》）。《三年行动计划》提出，要完善托育工作管理的体制和机制，促进托幼一体化发展，建立保障机制，加大培训力度，建立具有良好职业道德、以照料和看护为主要任务的托育机构从业人员队伍和一支师德为先、规模适当、结构合理、素质优良的幼儿园师资队伍。

2018 年 4 月，上海市发布了针对 0 ～ 3 岁幼儿托育服务的"1+2"新政，制定了全国第一个托育管理标准、办法及机制，促进了 0 ～ 3 岁婴幼儿托育服务的发展。

2020 年，上海市出台了《上海市托育服务工作三年行动计划（2020—2022）》，这是全国首个托育服务行动计划，提出家庭是 0 ～ 3 岁以下婴幼儿成长的主要场所，开展家庭教育指导服务工作，帮助家长树立科学的育儿观念，对于婴幼儿健康成长具有重要意义，该行动计划将通过入户指导、亲子活动、家长课堂、空中课堂等方式为不同年龄段幼儿的家庭提供差异化服务。①

---

① 陈敏睿，洪秀敏.城市地区推进婴幼儿托育服务的经验及建议——以南京市与上海市为例 [J].幼儿教育，2019（27）：11.

（二）上海市托育服务

第一，设置亲子活动室，提供公共托育服务。

上海市设立了许多社区亲子活动室，亲子活动室作为托育服务的基层组织主要建在社区，为 0～3 岁婴幼儿提供公共托育服务，针对婴幼儿的卫生保健、成长检测及家长指导等方面开展服务工作。在人员设置上，社区亲子活动室配有婴幼儿指导员，这些指导员熟悉婴幼儿的年龄特点，具有专业的托育知识与技能。南京市的托育服务机构分为育儿园、亲子园、看护点等，托育服务机构的性质是民办性质，少部分是公办或企事业主办，南京市政府为了促进市场化托育服务的发展，出资 2 000 万元设立的"0～3 岁婴幼儿早期发展均等化促进工程"奖励资金，用于支持托育服务工作，鼓励社区改造闲置的房屋来建立托育服务场所，提供良好舒适的场地，实现托育服务水平的提升。

第二，上海托育服务具有自己的特色。

上海市托育服务的主导部门是人口计生部门，并由 17 个相关部门组成 0～3 岁婴幼儿早期发展协调小组，根据审批与监管、主管与负责的原则相互配合，实现托育服务工作的监督与管理。上海市托育服务还实现了"1+1+N"的普惠性、社区化的托育服务体系，涵盖婴幼儿的卫生保健、身体检测、治疗矫正、养育指导等方面的综合化服务，促进了 0～3 岁婴幼儿的全面发展。另外，上海市还采取政府引导出资，鼓励社会组织管理与运营托育服务机构的服务方式，政府会提供场地，购买社会的专业组织来进行日常运营，或者通过公开招标的形式来实现社会团体、民间组织的基本建设。在托育服务机构建成之后，社会组织负责管理与运营，政府起到宏观管理、检查与监督的作用，实现了托育服务的进一步壮大。

基于对国内婴幼儿早期发展服务相关的政策研究，我们可以清楚地看到，托育服务需要多个政府部门共同努力、相互协调，而非卫生部门或教育部门单打独斗便可以解决的问题。根据各地区城市的实际情况和现有基础的不同，卫生委、教育部门应该牵头，以家庭需求作为出发点，发挥政府主导作用，整合卫生、教育、社区等资源，鼓励社会力量有序参与，政府应给予一定的奖励和政策性的支持，调动社会办学的积极性，并且研究和建立相应的监督机制、行业标准、师资培训、教材开发等工作，使托育服务标准化、规范化、可操作性更强。国内相关托育政策详情，见表 4-2。

表 4-2 国内相关托育政策情况

类型	文件名	发布机构	发布时间	主要内容和框架
国家层面的政策和法规	《中国儿童发展纲要2001—2010年》	国务院	2001年	发展0～3岁儿童早期教育。大中城市和经济发达地区适龄儿童基本能接受学前3年教育，农村儿童学前1年受教育率有较大提高。发展学前教育，建立并完善0～3岁儿童教育管理体制
	《关于基础教育改革与发展的决定》	国务院	2001年	确立基础教育在社会主义现代化建设中的战略地位，坚持基础教育优先发展。重视和发展学前教育。大力发展以社区为依托，公办与民办相结合的多种形式的学前教育和儿童早期教育服务。加强乡（镇）中心幼儿园建设并发挥其对村办幼儿园（班）的指导作用
	《关于全面加强人口和计划生育工作统筹解决人口问题的决定》	国务院	2007年	大力普及婴幼儿抚养和家庭教育的科学知识，开展婴幼儿早期教育
	《中国儿童发展纲要2011—2020年》	国务院	2011年	促进0～3岁儿童早期综合发展。积极开展0～3岁儿童科学育儿指导，建立公益性、普惠性的儿童综合发展指导机构，以幼儿园和社区为依托，为0～3岁儿童及其家庭提供早期保育和教育指导，加快培养0～3岁儿童早期教育专业化人才
	《国家贫困地区儿童发展规划（2014—2020年)》	国务院	2014年	坚持儿童优先原则，坚持儿童成长早期干预基本方针，以健康和教育为战略重点，明确开展婴幼儿早期保教、加快发展学前教育。依托幼儿园和支教点，为3岁以下儿童及其家庭提供早期保育和教育指导服务。采取多种形式宣传早期保教知识，鼓励媒体开办公益性早教节目（栏目）

类型	文件名	发布机构	发布时间	主要内容和框架
	《国务院办公厅关于促进3岁以下婴幼儿照护服务发展的指导意见》	国务院	2019年	明确要求到2020年前初步建立婴幼儿照护服务的政策法规体系和标准规范体系，建成一批具有示范效应的婴幼儿照护服务机构。到2025年，婴幼儿照护服务的政策法规体系和标准规范体系基本健全，多元化、多样化、覆盖城乡的婴幼儿照护服务体系基本形成，从全国政策层面推动早教托育行业进入规范化发展阶段
	《关于促进家政服务业提质扩容的意见》	国务院	2019年	建立健全家政服务法律法规，促进家政服务业与养老、育幼、物业、快递等服务业融合发展
	《中华人民共和国国民经济和社会发展第十四个五年规划和2035年远景目标纲要》	国务院	2021年	规定了我国体育的发展空间及规模，纲要指出，将发展托育服务体系，到2025年，每千人口拥有3岁以下婴幼儿托位数由目前的1.8个提高到4.5个。支持企事业单位和社会组织等社会力量提供托育服务，支持150个城市利用社会力量发展综合托育服务机构和社区托育服务设施，新增示范性普惠托位50万个以上
	《"十四五"积极应对人口老龄化工程和托育建设实施方案》	发改委、民政部、国家卫生健康委	2021年	到2025年，在中央和地方共同努力下，坚持补短板、强弱项、提质量，进一步改善养老、托育服务基础设施条件，推动设施规范化、标准化建设，增强兜底保障能力，增加普惠性服务供给，提升养老、托育服务水平，逐步构建居家社区机构相协调、医养康养相结合的养老服务体系，不断发展和完善普惠性托育服务体系
各部委层面的政策和法规	《城市托儿所工作条例》（试行草案）	卫计委	1980年	确定了我国托儿所制度，明确了托儿所的性质。内容包括总则、婴幼儿卫生保健工作、婴幼儿教养工作、组织编制及工作人员职责、房屋和设备。规定托儿所是3岁前儿童集体保教机构，负有教养3岁前婴幼儿及解放妇女劳动力的双重任务。婴幼儿应按年龄分班，乳儿班婴幼儿的年龄为0～10个月，小班的为11～18个月，中班的为19个月～2周岁

续 表

类型	文件名	发布机构	发布时间	主要内容和框架
	《三岁前小儿教养大纲（草案）》	卫计委	1981 年	明确规定了 3 岁前幼儿集体教养原则、生活教育环节内容，以及发展幼儿语言、动作、认知、社会性的方法。这是中华人民共和国成立以后首次就 0～3 岁儿童的集体教育工作做出明确规定。该文件沿用至今，在提高托儿所的保教质量方面发挥了重要的指导作用
	《关于加强幼儿教育工作的意见》	国家教委等八部委	1988 年	"养育子女是儿童家长依照法律规定应尽的社会义务，幼儿教育不属义务教育"，托幼服务不再是由单位提供的一项集体福利，而是家庭需要向市场购买的服务，婴幼儿照护不再被列入国家的福利保障范围；"要继续调动企业、事业、机关、团体、部队、学校等单位举办幼儿园的积极性，这些单位可采取单独举办或联合举办幼儿园的形式，解决其职工子女入园的问题"，对托儿所的发展没有进行要求
	《幼儿园管理条例》	国家教委	1989 年	幼儿园管理条例全文包括总则、举办幼儿园的基本条件和审批程序、幼儿园的保育和教育工作、幼儿园的行政事务、奖励与处罚、附则，共 6 章 32 条
	《托儿所、幼儿园卫生保健管理办法》	卫计委、国家教委	1994 年	为提高托儿所、幼儿园卫生保健工作质量，保证儿童的身心健康，特制定本办法
	《托儿所幼儿园卫生保健管理办法》	卫计委、国家教委	2003 年	为提高托儿所、幼儿园卫生保健工作水平，预防和减少疾病发生，保障儿童身心健康，卫计委与教育部共同对卫计委与原国家教委联合发布的《托儿所、幼儿园卫生保健管理办法》进行了修订
	《关于幼儿教育改革与发展的指导意见》	教育部等10 部门	2003 年	根据城乡的不同特点，逐步建立以社区为基础、以示范性幼儿园为中心，灵活多样的幼儿教育形式相结合的幼儿教育服务网络。为 0～6 岁的儿童及其家长提供早期保育和教育服务。 全面提高 0～6 岁儿童的家长及看护人员的科学育儿能力

类型	文件名	发布机构	发布时间	主要内容和框架
各部委层面的政策和法规	《托儿所幼儿园卫生保健工作规范》	卫计委	2012年	为了提高托儿所、幼儿园卫生保健工作水平，预防和减少疾病发生及保障儿童身心健康
	《国家教育事业发展第十二个五年规划》	教育部	2012年	落实各级政府发展学前教育的责任。推进《学前教育法》起草工作。明确地方政府为发展学前教育责任主体。省级政府制定本区域学前教育发展规划，完善发展学前教育政策，加强学前教育师资队伍建设，建立学前教育的经费保障制度。加强对学前教育机构、早期教育指导机构的监管和教育教学的指导
	《关于开展0～3岁婴幼儿早期教育试点的通知》	教育部办公厅	2013年	在北京、上海等14个地区启动0～3岁婴幼儿早教试点工作，提出"充分整合公共教育、卫生和社区资源，努力构建以幼儿园和妇幼保健机构为依托的面向社区、指导家长的婴幼儿早期教育服务体系"
	《关于指导推进家庭教育的五年规划（2016—2020年）》	妇联等九部门	2016年	提出到2020年基本建成适应城乡发展、满足家长和儿童需求的家庭教育指导服务体系。这也标志着家庭教育指导服务正式提上政府议程
	《托育机构设置标准（试行）》和《托育机构管理规范（试行）》	国家卫生健康委	2019年	旨在加强托育机构专业化、规范化建设，对班级规模、生师比、用人资质、场地等进行了严格的要求
	《关于促进"互联网＋社会服务"发展的意见》	国家发改委	2019年	通过互联网、大数据、人工智能等，推动医疗健康、养老、托育、家政等服务发展，以市场化手段优化资源配置

续　表

类型	文件名	发布机构	发布时间	主要内容和框架
	《支持社会力量发展普惠托育服务专项行动实施方案》（试行）	国家发改委、国家卫健委	2019 年	充分发挥中央预算内投资示范带动作用和地方政府引导作用，激发社会力量参与的积极性，着力增加 3 岁以下婴幼儿普惠性托育服务有效供给，拟在全国开展支持社会力量发展普惠托育服务的专项行动。建成一批具有带动效应和一定指导功能的示范性托育服务机构，社区托育服务骨干网基本完善，普惠性托位数量大幅增加，服务内容不断丰富，服务质量明显提升，对专业人才队伍建设支撑更加有力，对家庭科学养育指导能力持续增强，更多更好地惠及婴幼儿家庭
	《托儿所、幼儿园建筑设计规范（征求意见稿）》	住建部	2019 年	局部修订的内容有以下几点。第一，补充托儿所规模和最多班数；第二，调整托儿所、幼儿园与其他建筑合建的规定，增加合建的建筑类型，规定两个班及以下时可与居住、养老、教育、办公建筑合建；第三，修改托儿所、幼儿园室外活动场地设置的规定，改、扩建的托儿所、幼儿园设置室外活动场地确有困难时，应保证人均面积不小于 3 平方米；第四，明确托儿所、幼儿园日照标准的房间范围，规定婴幼儿生活单元的活动室、寝室、睡眠室冬至日底层满窗日照不应小于 3 小时；第五，调整托儿所、幼儿园生活用房设置楼层，规定托大班可布置在二层，并对布置在二层的班数和安全疏散做出规定；第六，增加新建幼儿园应配建一定规模的托儿所的规定；第七，完善托儿所生活用房功能分区的内容和使用面积标准；第八，细化托儿所各功能空间的配置要求；第九，完善安全技术防范系统和通信、网络系统

类型	文件名	发布机构	发布时间	主要内容和框架
	《关于养老、托育、家政等社区家庭服务业税费优惠政策的公告》	财政部税政司	2019 年	规定社区托育免征增值税，并且减按 90% 征收企业所得税，这是在政策端对托育行业的最大利好消息。税收优惠政策能够显著提高托育企业盈利能力和投资回收速度
	《关于印发托育机构设置标准（试行）和托育机构管理规范（试行）的通知》	国家卫健委	2019 年	总则中提到，第一，为建立专业化、规范化的托育机构，根据《中华人民共和国未成年人保护法》等法律法规及《国务院办公厅关于促进 3 岁以下婴幼儿照护服务发展的指导意见》制定本标准。第二，坚持政策引导、普惠优先、安全健康、科学规范、属地管理、分类指导的原则，充分调动社会力量的积极性，大力发展托育服务。第三，本标准适用于经有关部门登记、卫生健康部门备案，为 3 岁以下婴幼儿提供全日托、半日托、计时托、临时托等托育服务的机构
	《支持社会力量发展普惠托育服务专项行动实施方案（试行）》	国家卫健委	2019 年	坚持普惠导向、自愿参加、竞争择优、安全规范的原则，建成一批具有高效性、指导性、示范性的托育机构，进一步完善托育服务网络，加大普惠性托育机构的建立，不断丰富托育服务的内容，促进托育质量明显提升，加快专业队伍的建设，促进社会育儿观念的进步，使该政策福利更好地惠及广大 0～3 岁婴幼儿的家庭
	《托育机构登记和备案办法（试行）》	国家卫健委、中央编办、民政部、国家市场监督总局	2019 年	对托育机构的登记与备案管理、适用范围、服务内容、业务范围、登记流程、备案流程、变更登记、监督等进行了规定，进一步规范了托育机构的登记与备案管理工作

续　表

类型	文件名	发布机构	发布时间	主要内容和框架
	《中华人民共和国学前教育法草案（征求意见稿)》	教育部	2020 年	征求意见稿分为总则、学前儿童、幼儿园的规划与举办、保育与教育、教师和其他工作人员、管理与监督、投入与保障、法律责任、附则，共 9 章 75 条
	《托育机构保育指导大纲（试行)》	国家卫健委	2020 年	托育机构保育应遵循以下基本原则，第一，尊重儿童；第二，安全健康；第三，积极回应；第四，科学规范。除此之外，还提出了几点目标和要求，托育机构保育工作应当遵循婴幼儿发展的年龄特点与个体差异，通过多种途径促进婴幼儿的身体发育和心理发展。保育重点包括营养与喂养、睡眠、生活与卫生习惯、动作、语言、认知、情感与社会性等，分别对 7～12 个月、13～24 个月、25～36 个月的孩子提出了具体的要求。 对托育机构的硬件条件和人员配置也提出了要求

本章小结

我国港澳台地区的托育服务目前在国内处于领先水平，发展其他地区托育服务的时候可以进行参考，同时南京、北京、上海也先后发布了一系列促进托育发展的政策与措施，走在了国内托育服务发展的前端，这些省市在托育服务制度及服务内容上各具特色，为地方性的托育服务政策的制定积累了大量的经验，为地方的托育服务的顶层设计、托育服务的职责划分、托育服务的环境构建提供了参考。

随着人民生活水平的提高，家庭对婴幼儿早期的教育也越来越重视，希望通过科学的方法来改善 0～3 岁婴幼儿的成长环境，再加上全面三胎政策的开放，家庭对托育服务的需求会与日俱增，因此这些走在前端的地区为各地建立托育服务体系奠定了坚实的基础。

第五章　深圳托育服务政策现状分析

第一节　深圳市托育服务及需求情况

第七次全国人口普查显示，深圳市常住人口为 17 560 061 人，全市常住人口与 2010 年第六次全国人口普查的 10 423 973 人相比，增加 7 136 088 人，增长了 68.46%，年平均增长率为 5.35%。[①] 全市各区的人口分布情况见表5-1。

表 5-1　第七次人口普查深圳市各区的人口分布情况表

地区	人口数 / 人	比重 /%	
		2020	2010
全市	17 560 061	100	100
福田区	1 553 225	8.85	12.64
罗湖区	1 143 801	6.51	8.86
盐田区	214 225	1.22	2.01
南山区	1 795 826	10.23	10.44
宝安区	4 476 554	25.49	25.32
龙岗区	3 979 037	22.66	18.08
龙华区	2 528 872	14.40	13.23
坪山区	551 333	3.14	2.97
光明区	1 095 289	6.24	4.61
光明区大鹏新区	156 236	0.89	1.21
深汕特别合作区	65 663	0.37	0.63

---

① 深圳市第七次全国人口普查领导小组办公室．深圳市第七次全国人口普查公报 [N]．深圳特区报，2021-05-17（A08）．

《中国统计年鉴 2020》显示，2016—2019 年我国人口生育率分别为 12.95‰、12.43‰、10.94‰ 和 10.48‰，2020 年我国的人口生育率仅为 8.5‰。《深圳市统计年鉴 2020》显示，2016—2019 年深圳市人口生育率分别为 22.33‰、25.45‰、21.58‰ 和 21.68‰，通过数据可以发现二孩政策效果逐步消退，再生育支持政策出台成为共识，婴幼儿照护等生育支持和配套系统的建设成为社会关注的热点话题。如果婴幼儿托育服务短缺，不仅可能迫使母亲被迫延长产假或中断职业生涯，增加生育机会的成本，而且家长的养育压力也会增大，因此会放弃再生育二孩。据前期有关调查显示，因"无人照料"而不打算生育二孩的家庭占比为 13.1%，这是仅次于经济压力的原因。

一、深圳市托育服务的现状

（一）托育服务供给量不足

在被调查的 1 801 人中，入托率仅为 5.1%，不同年龄段获得机构托育服务的机会差异明显。2 岁之前的婴幼儿入托率均不足 2.0%，与被调查的 10 个城市相似；2 岁到 2 岁半的婴幼儿入托率为 6.6%；2 岁半到不满 3 岁的婴幼儿入托率为 17.0%。91 名婴幼儿进入各种托育机构，2 岁以上的婴幼儿占 89.0%，2 岁到不满 2 岁半的婴幼儿占 26.4%，2 岁半到不满 3 岁的婴幼儿占 62.6%。

（二）托育机构性质以民办为主

目前，托育机构按性质可分为公办、民办与其他，民办托育机构为主要的构成部分。

（三）企事业单位的托育资源匮乏

本次调研考查了企事业单位拥有哺乳室、宝宝房、托儿所和幼儿园的情况，单位在提供婴幼儿托育服务方面较为不足。89.6% 的人表示所在单位没有哺乳室，97.8% 的人表示单位没有宝宝房，96.2% 的人表示单位没有托儿所、幼儿园。

（四）托育资源各区分布不均

在调研中，入托率最高的 3 个区为盐田区、光明区、南山区，分别为 20.0%、7.1%、6.4%；坪山区入托率比较低，仅为 1.7%；入托率最低的是大鹏新区，入托率为 0。坪山区、光明区是入托需求与入托率差距较大的两个区，盐田区是差距最小的区。

二、深圳市托育服务需求状况

调查显示，托育需求与实际入托率存在差距，34.8% 的被访者认为，在孩子 3 岁前需要将其送入托育机构，而实际的入托率仅为 5.1%，存在较大的差距。光明区、坪山区的托育需求率最高，均超过 40%。福田区、罗湖区、盐田区的托育需求率较低，均不超过 30%。

（一）对入托年龄的需求

超过 80% 的母亲希望孩子能在 2 岁以后入托，其中超过一半的母亲希望孩子在 2 岁半到不满 3 岁时入托，希望 2 岁到不满 2 岁半入托的母亲占32.1%，希望 1 岁半到不满 2 岁入托的母亲占 8.3%，希望 1 岁到不满 1 岁半入托的母亲占 6.2%，希望半岁到不满 1 岁入托的母亲占 2.2%，希望不满半岁入托的母亲占 1.0%。

实际入托年龄占比最大的为 "2 岁及以上"，占 89.0%；理想入托年龄也是 "2 岁及以上" 占比最大，为 82.3%。由此可见，家长期望的入托年龄与实际入托年龄一致，均为 2 岁及以上。

（二）对托育服务形式的需求

"师资素质高" 是家长选择理想的托育机构时最重视的因素，占 72.9%；其次是 "安全防护好"，占 68.9%；然后是 "方便接送" 占 48.8%；而 "收费合理" 占比最低，为 44.7%。

希望孩子能上 "全日制" 托育机构的母亲最多，占比为 81.2%；希望孩子上 "半日制" 托育机构的母亲占比为 18.0%；还有较少数的母亲希望孩子上寄宿制托育机构，占比为 0.8%。

（三）对托幼机构位置的需求

根据以往的研究成果，从家长对托育机构的需求来看，便利性和安全性是最主要的考虑因素。近 80% 的被调查对象倾向于将孩子送往社区周边的托育机构，超过 3/4 的被调查对象希望由师资和安全性较好的公立园（所）照料孩子。

调研发现，理想的托育机构应位于 "居住社区内或附近"，占比为

82.8%。另外有 13.7% 的母亲希望托育机构位于"自己单位内或附近",而不足 4% 的母亲希望托育机构位于"丈夫单位内或附近"或者持无所谓的态度。

（四）对托育时间支持的需求

除了服务支持以外，政府的时间支持也是很重要的一项内容，产假是最常见的一种形式。产假是一种保护母亲的措施，目的是加强对孕妇的保护，以确保母亲与所生婴儿的健康，同时也让产妇有更长的时间亲自照顾刚刚出生的婴儿。

三、深圳市托育服务需求的主要特征

（一）差异性

不同地方政府对不同性质的托幼机构所给予的政策扶持相差悬殊，一般来说，对政府办园有较大的扶持，而对单位、街道、私立园则缺乏应有的政策扶持和宏观管理，政府职责淡出。有的地区优质园所过于集中，而其他一些地区则缺乏条件较好的私立托幼园所或政府办园。

（二）复杂性

家长对托育机构的托育需求非常复杂。家长的托育需求没有统一的模式，而是受各种因素的影响，呈现纷繁复杂的特点。不同背景的家长，经历和个性不同，对托育的理解和认识不同，因此托育需求也各不相同。而托育机构的属性、定位的差异以及 0～3 岁婴幼儿自身特点的不同，也会影响家长的托育需求。

调研发现，孩子没入任何托育机构时母亲最重视托育机构的安全防护，孩子入了托儿所后母亲最重视的是收费标准，方便接送和伙食质量方面也是孩子入了家庭托儿户后母亲很重视的方面。师资、设备、口碑方面是孩子入了早教机构后母亲最重视的方面。

（三）变动性

调研发现，在"孩子太小""没有本市户口不接收"和"还没考虑这个问题"三个原因上，0～11 个月的婴幼儿所占比例最高。在"家中有人照看""附近没有接收 0～3 岁婴幼儿的托育机构"和"费用太高"三个原因上，24 ～ 35 个月的婴幼儿所占比例最高。由此可以看出，没入托育机构的原因在各个月龄段上的表现有明显不同。随着孩子月龄的增加，没有入托的原因从"主动不入托"逐渐转为"被动没入托"，即从"孩子太小""还没考虑这个问题"转变为"附近没有接收 0 ～ 3 岁婴幼儿的托育机构"、"费用太高"等。

四、影响托育服务需求的主要因素

（一）家长因素对托育需求的影响

家庭的平均月收入与能承受的每月托育费用呈正相关。家庭月均收入越低，希望孩子"2 岁半到不满 3 岁"入托的比例就越低。家庭月均收入越高，希望孩子"2 岁到不满 2 岁半"入托的比例就越高。

首先是受教育程度不同。

总体上，家长受教育程度越高，对托育的需求越高。小学及以下学历需求最低，研究生学历需求最高，其他各教育程度相差不大。与此同时，从小学到本科学历，受教育程度越高的家长认为不入托的原因是"孩子太小"的比例越低。

其次是工作和就业状况。

家里无人照看需要孩子 3 岁前入托的母亲的职业占比较高的是自由职业、生产运输、专业技术人员，一直没有工作的妈妈对送托育机构的需求很低。因为照顾孩子而成为全职妈妈的托育需求，比有工作的妈妈稍高一些。每月请假天数越多的人，越需要把孩子送入托育机构。

（二）不同因素对托育需求的影响

第一，年龄段。

调研发现，没入托育机构最主要的两个原因是"孩子太小"和"家中有人照看"，而"还没有考虑这个问题"的原因也可能是"孩子太小"和"家中有人照看"，暂时不需要考虑这个问题。

第二，性别。

男性婴幼儿的家长对托育机构的方便性、性质、师资队伍等方面有较高的需求，女性婴幼儿的家长则在个别需求上要求略高。总体上，不同性别 0 ～ 3 岁婴幼儿的家长对托育机构的各种托育需求没有显著性的差异，这就说明性别不会对家长的需求产生太大的影响。

第三，有没有祖辈照看。

家中没有老人照看小孩的托育需求大于家中有老人照看的托育需求，不过要注意的是，需要让孩子入托的前三个原因主要为"培养孩子的自理能力""让孩子有玩伴"和"减轻老人负担，让老人有更多的闲暇时间"。

（三）托育机构因素对托育需求的影响

第一，属性。

调研发现，有的家长认为公办托育机构正规、规范、让人放心，而有的家长认可民办托育机构老师态度好、实行小班制等。

第二，方便性。

调研发现，"师资素质高"是家长最重视的因素，其次是"方便接送"。原来普遍以为家长为孩子选择托育机构会首先考虑接送方便，调查结果却说明，家长为了孩子的发展，宁愿舍近求远，为孩子选择适合的托育机构。这也反映了目前城市家长对托育的重要性有了进一步的认识，不再认为托育机构只是"看孩子的地方"。在没入托育机构的最主要的原因中，"附近没有接收 0 ~ 3 岁孩子的托育机构"位列第一。由此可以看出，方便性是一个重要的影响因素。

第三，费用。

被访问的家长为孩子选择托育机构时，费用是其考虑因素中的第四位，可能因为深圳的社会经济水平相对较高，家庭收入也较高，费用问题就相对次要一些。公办的托育机构属于公共服务的范畴，带有公益性质，费用偏低且易获得家长的信任和认可。

第二节　深圳市托育机构现状

一、深圳市托育机构的现状

第一，托育服务供给总量不足，各区分布差异大。

2018—2020 年，深圳市 3 岁以下的婴幼儿有 72.40 万人。需求调查结果显示，34.8% 的家庭有托育需求，深圳市需要托育的婴幼儿数量为 25.20 万人。而 2019 年，深圳市托育机构数量仅为 380 家，托育供给存在严重不足。同时，根据各区每万名 3 岁以下婴幼儿机构数统计，发现各区机构在供给上存在区域分布差异，最高的每万名机构数有 17.1，最低的仅为 1.47。

第二，营利性托育机构为主，多种形式并存。

在现有的托育机构中，主要形式为早教机构结合托班，占比为 57.37%，其次为专业托育机构，占比为 21.32%，幼儿园托班占比为 15.26%。而家庭式托育占比仅为 2.63%。现有机构以工商登记的营利性机构为主，占比为 82.22%。

第三，提供服务同质化严重。

现有机构收托平均最小月龄为 19 个月，收托平均最大月龄为 45 个月。这些机构主要提供全日托和计时托服务，时间主要集中在周一到周五，少量的托育机构提供周末托育服务。服务内容主要以保教和保育为主，约 1/3 的机构提供照料和看护服务。

托育机构能够自行加工膳食的占比为 50.97%，配送餐饮服务的机构占比为 27.70%，还有 21.33% 的机构不提供膳食服务。

第四，幼儿园托班建筑和功能用房齐全，其他相对不足。

在机构基础设施建设方面，93.09% 的机构场地是租赁的，自有场地和其他形式的场地占比为 6.91%。其中，幼儿园的平均场地面积最多，专业托育机构和早教机构结合托班的平均使用面积排在第二位和第三位，而家庭式托育点的场地面积占比最小。一半的机构设置在首层，其中幼儿园和专业托育机构设置首层比例略高。

现有机构基本都提供了用餐区、睡眠区、游戏区、盥洗区、储物区和办公室，而保健室、安保室、厨房、哺乳室和配乳室设置比例较低。

第五，托育专业人员匮乏，专业人员比例偏低。

除了幼儿园平均职工人数较高外，其余机构的工作人员总数均在 10 名左右，机构工作人数平均为 16.73 人。各个机构的育婴师、保健员和保育员占比较低，占比相对较高的是妇幼保健院承办的托育机构，早教机构开办托班和专业托育机构专业人员占比较其他类型要更高。

二、深圳市托育机构的主要问题

第一，托育机构发展无序，管理混乱

近年来，国家和地方把注意力更多地集中在幼儿园的发展上，有关 0～3 岁婴幼儿教育的条文还只是零星地附属于学前教育政策的文件中，所占比例很小，内容较为抽象，均属理论范畴。同时，伴随着民营托育机构的迅猛发展，其管理上出现了相互推诿的现象，这些相关职能部门各自为政、沟通较少，政府部门也没有统筹协调好相关部门的联动。另外，目前市场上绝大部分的托育机构（早教机构）都是独立经营的，均属商业性质的教育咨询公司或教育服务公司，各相关部门没有权力参与监督和管理，政府也没有专门管理0～3岁婴幼儿托育机构的部门。调研发现，多数开展托育服务的机构，其现有场地都是已有房屋改造而成的，往往在消防、卫生、餐饮等方面难以达标，甚至会与房屋管理方产生利益冲突，协调较为困难。一些大型企事业单位开办的0～3岁婴幼儿日间照料中心、在工商注册的早教中心、开展全日制托育服务及社区内的小型托育机构大多因难以获得设置许可而被叫停或以"黑园"的身份存在。

第二，逐步建立的行业标准和技术规范，仍需执行时间。

虽然国家和地方出台了一系列行业标准和技术规范，但现实情况是，各类托育机构因历史原因或出于成本考虑，许多都不符合新出台的行业标准和技术规范，如果要求现有的托育机构按照新的规范执行，仍需时间。

第三，托育资源供给不足，幼儿园有心无力。

深圳市作为改革开放的前沿阵地，托育行业资源一直匮乏，并且由于年轻人口的大量涌入，幼儿园学位尚不能满足幼儿的需求，有限的学前教育资源尚不能满足3～6岁孩子的教育需求，0～3岁婴幼儿的托育服务遭到忽视，招生的规模明显缩减。调研发现，对在园婴幼儿趋于饱和、资源紧缺的幼儿园来说，开展0～3岁婴幼儿的托育服务会显得有心无力。

幼儿园开设托班，招收2～3岁的幼儿，是满足婴幼儿托育服务需求的重要形式。但深圳市由于学前教育资源总量不足，公办幼儿园普遍不招收3岁以下的婴幼儿。这次调查也发现，接受托育服务的3岁以下婴幼儿中近70%都是在民办的托育机构入托的。由于公共托育机构短缺，一些有需求的家庭只好寻求市场化的托育服务，但目前市场化托育机构的质量良莠不齐、入托费用较高，使那些收入相对较低、刚性需求突出的家庭不得不把孩子放到没有得到审批、缺乏规范与相应资质的托育机构。

第三节 深圳市 3 岁以下婴幼儿托育服务需求定量调查报告

一、研究背景

为了解当前深圳市家庭 3 岁以下（不含 3 周岁）婴幼儿托育情况以及托育服务需求现状，深圳市卫生健康发展研究中心采用分层随机抽样的方式对 10 个区中 3 岁以下婴幼儿的养育人进行了托育服务需求调研，调研要回答以下几个主要问题。 3 岁以下婴幼儿的入托实际情况如何？目前的托育服务情况如何？家庭的入托需求有多大？入托需求的具体内容是什么？哪些因素影响了家庭的入托需求？解决家庭的托育服务需求的社会意义是什么？

二、研究方法

定量调查采取抽样调查方式，兼顾托育服务需求的区域、人口规模等特点，在全市范围内选取 10 个区，随机选择 19 个社康中心，每个社康中心按 0 ～ 3 岁年龄段采取配额抽样的方式，对 20 名婴幼儿的养育人进行面对面的调查。

定量调查对象为有 3 岁以下子女的女性。首先，根据各区提供的预防接种服务机构名录，进行随机抽样；其次，在抽中机构中，按婴幼儿的年龄及母亲工作状态进行配额；最后，进行入口或出口访问，即婴幼儿在服务机构接种疫苗等待时或接种疫苗后留观时访问其母亲，共调查了 1 801 名幼儿母亲。

定量调查采取个人结构化问卷的形式，主要包括 4 项内容：①个人及家庭成员基本情况；②婴幼儿托育方式；③托育服务需求；④生育意愿。

三、研究结果

（一）深圳市 10 个区的基本情况

1. 10 个区样本基本情况

本次调研对 10 个区的幼儿母亲进行了问卷调查，各个区的样本量见表 5-2。

表 5-2 深圳市 10 个区的样本量

区	人数 / 人	比例 /%
宝安区	401	22.3
大鹏新区	40	2.2
福田区	240	13.3
光明区	140	7.8
龙岗区	340	18.9
龙华区	180	10.0
罗湖区	160	8.9
南山区	220	12.2
坪山区	60	3.3
盐田区	20	1.1
总计	1 801	100.0

2. 被访母亲及其家庭的基本特征

本次调研的对象是城区内有 3 岁以下子女的女性，在抽中的社区卫生服务中心按婴幼儿月龄对婴幼儿母亲进行调查，同时限制"全职妈妈"的数量。婴幼儿按年龄分为 3 个阶段：0 ～ 11 个月、12 ～ 23 个月和 24 ～ 35 个月，分别调查 6 人、6 人、8 人。其中，每个月龄段最多有一名全职妈妈，即每个抽中的社区卫生服务中心最多能调查 3 名"全职妈妈"。根据实际调查情况，最终有 263 名"全职妈妈"，占 14.6%；1 538 名非"全职妈妈"，占 85.4%。

对基本情况进行分析后发现，母亲年龄主要集中在 25 ～ 29 岁和 30 ～ 34 岁，也有少数母亲的年龄在 40 岁及以上，见表 5-3。

表5-3　被访母亲的年龄

年龄	人数 / 人	比例 /%
24 岁及以下	170	9.4
25 ～ 29 岁	716	39.8
30 ～ 34 岁	623	34.6
35 ～ 39 岁	245	13.6
40 岁及以上	47	2.6
总计	1 801	100.0

　　母亲的受教育程度主要分为大学本科（31.5%）、高中 / 中专（23.7%）、大学专科（23.4%），见表 5-4。

表5-4　被访母亲的受教育程度

受教育程度	人数 / 人	比例 /%
小学及以下	21	1.2
初中	298	16.5
高中 / 中专	426	23.7
大学专科	421	23.4
大学本科	567	31.5
研究生	68	3.8
总计	1 801	100.0

　　通过对 1 538 名有工作的母亲进行分析，考察其就业情况，我们发现，按就业单位性质分，占比排前 3 位的具体情况如下。在私营企业工作的有 576 人，占 37.5%；在机关、事业单位工作的有 439 人，占 28.5%；个体工

商户有 181 人，占 11.8%，见图 5-1 所示。

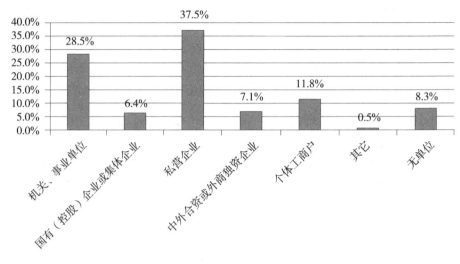

图 5-1 母亲所在单位类型

对婴幼儿家庭的平均月收入进行统计发现，10 000 ~ 14 999 元组占比最高，达 23.9%；其次为 5 000 ~ 9 999 元组，占 23.5%。根据数据可知，绝大部分家庭月均收入在 5 000 元以上，见图 5-2 所示，和深圳市的经济发展相符。

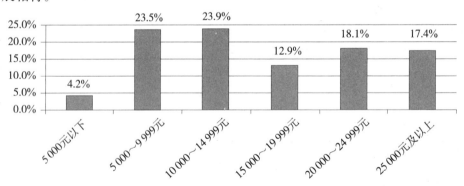

图 5-2 家庭平均收入

综上所述，本次调研的被访者是 3 岁以下婴幼儿的母亲，近 75% 的人年龄在 25 ~ 34 岁，约 60% 的人教育程度为大学专科及以上，工作单位类型占比最高的是私营企业和机关、事业单位，超过 70% 的人家庭月均收入在 10 000 元及以上。

3. 3 岁以下婴幼儿的基本情况

调查结果显示，各个月龄组的比例分配较为均衡，其中 2 岁到不满 2 岁半的人数较多，占 20.3%，其他月龄组的比例相差不大，在 14% ～ 19%，见表 5-5。

表 5-5　各月龄婴幼儿人数

月龄	人数／人	比例／%
不满半岁	258	14.3
半岁到不满 1 岁	295	16.4
1 岁到不满 1 岁半	269	14.9
1 岁半到不满 2 岁	278	15.4
2 岁到不满 2 岁半	365	20.3
2 岁半到不满 3 岁	336	18.7
总计	1 801	100.0

在被调查的孩子中，男孩有 942 人，占 52.3%；女孩有 859 人，占 47.7%。在这些孩子中，988 人没有本地户口，占 54.9%；813 人有本地户口，占 45.1%。

在这些家庭中，独生子女最多，有 1 157 户，占 64.2%；二孩家庭有 573 户，占 31.8%；三孩或四孩家庭有 71 户，占 4%。

综上所述，在本次调研的婴幼儿中，男孩略多于女孩，月龄分布较均匀，超过一半的孩子没有本地户口，独生子女家庭接近 2/3。

（二）入托情况与因素分析

4. 3 岁以下婴幼儿入托现状

（1）入托月龄段分布。通过划分月龄考察入托率发现，2 岁以下的婴幼儿入托率均不足 2.0%，2 岁到不满 2 岁半婴幼儿的入托率为 6.6%，2 岁半到不满 3 岁婴幼儿的入托率为 17.0%。由此可见，2 岁以上婴幼儿的入托率明显提高，见图 5-3 所示。

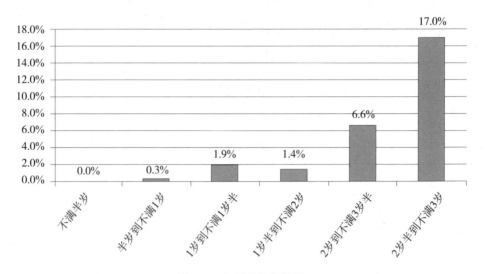

图 5-3　各月龄段入托率

2 岁以上婴幼儿的入托率明显提高的原因可能有以下两点，一是大部分的幼儿园托班、托儿所等托育机构只接收 2 岁以上的儿童，二是为进入幼儿园做准备。

（2）托育机构入托分析。一共有 91 名婴幼儿进入各种托育机构，其中 89% 的婴幼儿年龄为 2 岁以上，2 岁到不满 2 岁半的婴幼儿占比为 26.4%，2 岁半到不满 3 岁的婴幼儿占比为 62.6%，见图 5-4 所示。

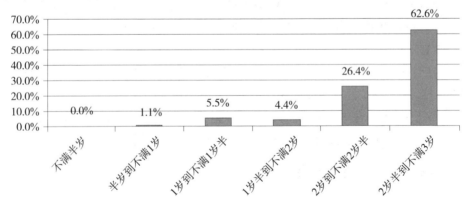

图 5-4　实际入托年龄分布

在入托育机构的儿童中，有 64 人进入了幼儿园托班，占 70.3%；14 人进入托育机构，占 15.4%；7 人进入托儿所，占 7.7%，6 人进入家庭托儿户，占 6.6%。由此可见，更多的人倾向于选择幼儿园托班，一方面，可能是因为幼儿园托班可以使孩子提前熟悉幼儿园环境，缩短 3 岁入园的不适期；另一方面，幼儿园托班在人员、设施等配置方面都更加完善。目前，民办的托育机构占比为 67.0%，其他类型均较少，见图 5-5 所示。

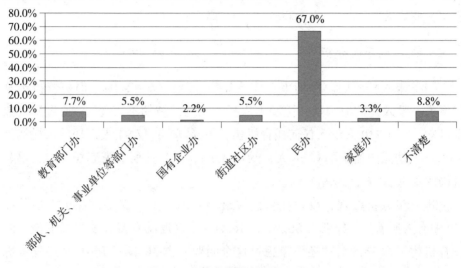

图 5-5 托育机构的性质与入托率

在本次调查中，孩子的托育方式主要为全日制，占 71.4%，剩下的均为半日制，没有家长选择寄宿制。

选择某个托育机构最主要的原因是"方便接送"，占 80.2%；其次为"教师素质高"，占 45.1%；再次为收费合理，占 41.8%，其他原因占比均在 30.0% 以下。由此可见，"方便接送"是家长在选择托育机构时优先考虑的因素，见图 5-6 所示。

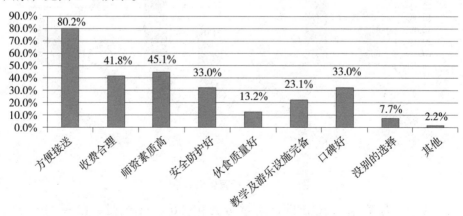

图 5-6 选择某个托育机构的原因

综上所述，在 3 岁以下入托的婴幼儿中，89% 的孩子在 2 岁以上，70% 左右的孩子进入了幼儿园托班，约 70% 的孩子选择的托育方式为全日制。约

25%的孩子2岁入托，约67%的孩子2岁半入托。目前，托育机构近70%是民办的，托育方式约70%是全日制的。约80%的人选择托育机构的原因是"方便接送"。

5. 未入托原因分析

（1）未入托原因。深圳市总体入托率较低，仅为5.1%，但随着孩子月龄增大，没入托的原因从"主动不入托"变为"被动不入托"。通过调查数据可知，有1 710人没入任何托育机构，占94.9%；仅91人入托，入托率为5.1%；入幼儿园托班的有64人，约占3.6%；入托儿所、家庭托儿户、早教机构的共有27人，约占1.5%。

进一步分析发现，没入托育机构最主要的两个原因是"孩子太小"和"家中有人照看"，分别占86.2%和76.4%；"附近没有接收3岁以下孩子的托育机构"占34.5%，"还没考虑过这个问题"占30.4%。其中，"还没考虑过这个问题"可能是因为"家中有人照看"和"孩子太小"，不需要考虑这个问题。"费用太高"占21.9%，说明对于1/5的家庭来说，费用也是影响他们入托的一个主要原因；"没有本市户口，不接收"仅占3.3%，这说明婴幼儿的托育机构对是否为本市户口要求不高，见图5-7所示。

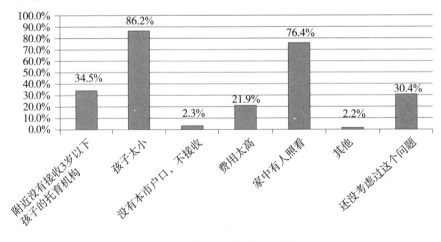

图5-7　没入托育机构的原因

（2）分月龄未入托分析。通过分月龄（0～11个月、12～23个月、24～35个月）分析，我们发现，在各个月龄段中，"孩子太小"和"家中有人照看"是没入托的主要原因。在"孩子太小""没有本市户口，不接收"和"还没考虑过这个问题"3个原因上，0～11个月的婴幼儿占比最高；在

"附近没有接收 3 岁以下孩子的托育机构"这个原因上，24～35 个月婴幼儿占比最高。因此，可以看出，随着月龄的增加，没入托育机构的主要原因也在发生着改变，从"主动不入托"逐渐变为"被动没入托"，即从"孩子太小""家中有人照看"等原因转变为"附近没有接收 3 岁以下孩子的托育机构"等被动原因，见表 5-6。

表5-6　分月龄没入托育机构的原因

单位：%

原因	0～11 个月	12～23 个月	24～35 个月
附近没有接收 3 岁以下孩子的托育结构	32.8	32.9	36.5
孩子太小	90.9	86.9	81.6
没有本市户口，不接收	4.3	2.0	2.8
费用太高	19.1	22.4	22.1
家中有人照看	74.2	78.9	76.1
其他	1.1	2.2	2.0
还没考虑过这个问题	34.0	30.3	27.4

（3）是否入托的影响因素。本研究采用 Logistic 回归分析考察婴幼儿是否入托的影响因素。经分析发现，孩子是否入托与是否有老人照看、妈妈是否为全职、孩子月龄有明显的关系，而与家庭月均收入、母亲年龄、家庭子女数无显著的关系，见表 5-7。

· 105 ·

表5-7　对是否入托的影响因素分析（Logistic回归）

影响因素	B	S.E.	Wals	df	Sig.	Exp（B）
孩子月龄	-0.155	0.019	65.808	1	0.000**	0.857
母亲年龄	-0.041	0.026	2.436	1	0.119	0.960
是否为全职妈妈	-1.375	0.465	8.750	1	0.003**	0.253
家庭子女数	0.305	0.215	2.007	1	0.157	1.356
家庭月均收入	0.000	0.000	0.536	1	0.464	1.000
是否有老人照看	-1.370	0.246	30.929	1	0.000**	0.254

注：** 表示 $p < 0.01$。

6.单位提供婴幼儿托育服务的现状

本次调研考查了单位拥有哺乳室、宝宝房、托儿所和幼儿园的情况。89.6%的人表示所在单位没有哺乳室，97.8%的人表示单位没有宝宝房，96.2%的人表示单位没有托儿所、幼儿园。由此可见，单位在提供婴幼儿托育服务方面存在不足。

7. 小结

从调研数据可知，94.9%的孩子没入任何托育机构，没入托育机构的主要原因是"孩子太小"，占86.2%；其次是"家中有人照看"，占76.4%；最后是"附近没有接收3岁以下孩子的托育机构"，占34.5%。

孩子是否入托与是否有老人照看、是否为全职妈妈、孩子月龄有明显的关系，而与家庭月均收入、母亲年龄、家庭子女数无显著的关系。共91人进入各类托育机构，89%为2岁以上的孩子。在入托育机构的儿童中，70%的孩子进入了幼儿园托班；71.4%的孩子选择了全日制；托育机构近70%是民办的；有80%的母亲选择某个托育机构最主要的原因是"方便接送"。

在单位提供的托育服务方面，90%以上的单位没有宝宝房和托儿所、幼儿园，80%以上的单位没有哺乳室。由此可见，单位在提供托育服务方面还有很大的进步空间。

（二）深圳市托育服务需求情况

1. 托育需求

（1）各区托育需求。通过考察3岁以下婴幼儿的托育需求，可以发现，深圳市总体的托育需求率为34.8%。光明区、坪山区的托育需求率最高，均超过40%。福田区、罗湖区、盐田区的托育需求率较低，均不超过30%，见图5-8所示。

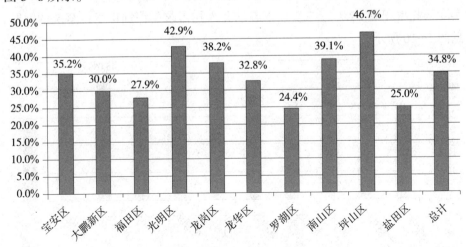

图5-8　深圳市各区的入托需求率

（2）月龄段入托需求。通过分析调查数据发现，627个被访者认为在孩子3岁前需要将其送入托育机构，占比为34.8%；1 174个被访者认为不需要，占比为65.2%。

2岁以前的婴幼儿对托育的需求差异不大，需求率一般在29%～36%；2岁及以上婴幼儿对托育的需求明显增强，需求率在38%以上。

在2岁时，入托需求率有较大幅度的提高，见图5-9所示。

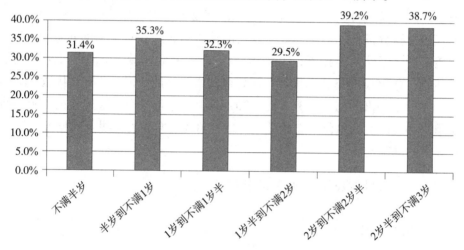

图5-9　各月龄的入托需求率

（3）入托需求率与实际入托率的差距。经分析可知，坪山区、光明区是入托需求与入托率差距较大的两个区，盐田区是差距最小的区。通过数据可以看出，各个区的入托需求率都大于实际入托率，深圳市整体入托需求率与实际入托率相差29.7%。3岁以下婴幼儿入托需求是深圳市亟待解决的问题，见图5-10所示。

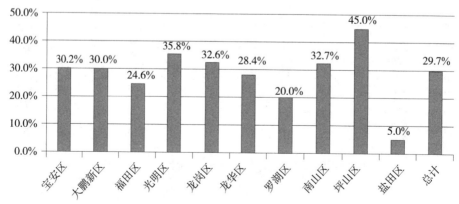

图5-10　各区的入托需求率与实际入托率的差距

2.理想托育情况调查

（1）理想入托月龄。通过调查数据可知，超过80%的母亲希望孩子能在2岁以后入托，其中超过一半的母亲希望孩子在2岁半到3岁时入托，希望孩子在2岁到不满2岁半时入托的母亲占33.1%，希望孩子在1岁半到不满2岁时入托的母亲占8.3%，希望孩子在1岁到不满1岁半时入托的母亲占6.2%，希望孩子在半岁到不满1岁时入托的母亲占3.2%，希望孩子不满半岁入托的母亲仅占1.0%。

实际入托年龄占比最大的为"2岁及以上"，占89.0%；理想入托年龄也是"2岁及以上"占比最大，为83.3%。由此可见，家长期望的入托年龄与实际入托年龄一致，均为2岁及以上，见图5-11所示。

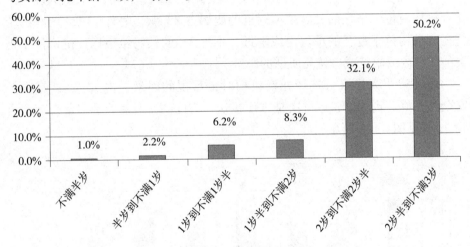

图5-11 理想入托年龄

（2）理想托育机构运营类型。目前，入托率最高的是民办托育机构，占67.0%，而母亲们的理想入托机构类型则是公办，占比为81.3%，理想托育机构类型与实际托育机构类型不一致，因此公办入托机构还有很大的建设空间，见图5-12所示。

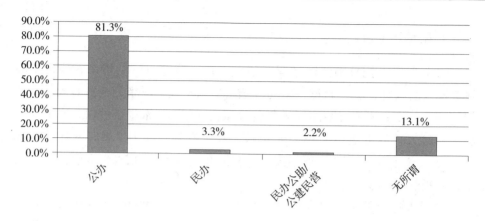

图5-12 理想入托机构类型

（3）理想的托育机构位置与选择托育机构时最重视的因素。认为理想的托育机构应位于居住的社区内或附近的妈妈占83.8%，另外13.7%的妈妈希望托育机构位于自己的单位内或附近，不到3%的妈妈希望托育机构位于丈夫的单位内或附近或者持无所谓的态度。

教师素质高是家长选择托育机构时最重视的因素，占72.9%；其次是安全防护好，占68.9%；再次是方便接送，占48.8%；最后是收费合理，占44.7%，见图5-13所示。

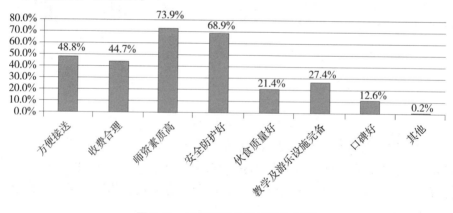

图5-13 对托育机构最重视的方面

（4）理想的托育时间类型。希望孩子能上"全日制"托育机构的家长最多，占81.2%；希望孩子上"半日制"托育机构的家长占18.0%，极少数家长希望孩子上寄宿制的托育机构，仅占0.8%。

3. 入托原因

家长让孩子入托的原因有很多，排在前三位的分别是"培养孩子的自理能力""让孩子有玩伴"和"减轻老人负担，让老人有更多的闲暇时间"，分别占 70.3%、63.3% 和 40.0%。让孩子 3 岁前入托，主要是为了培养孩子的自理能力和让孩子有玩伴，入托原因和月龄没有关系，见图 5-14 所示。

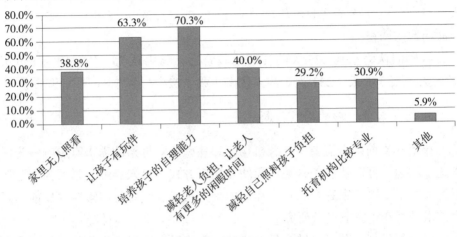

图 5-14　3 岁前入托的原因

如果按照月龄分析 3 岁前需要送孩子入托的原因，就会发现各个月龄孩子入托的原因大体相同，最重要的原因都是培养孩子的自理能力和让孩子有玩伴，见图 5-15 所示。

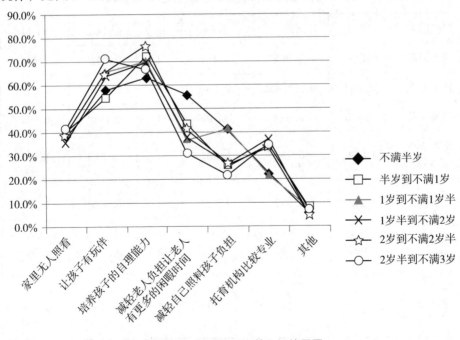

图 5-15　各月龄 3 岁前入托的原因

4.生育假期需求

被访者平均可以享受112天的产假,其中产假为90天(232人)、98天(135人)、128天(110人)、180天(104人)的人较多(共1 204人参与此问题的调查)。

妈妈们认为平均225天的产假比较合适,其中认为产假时间为180天(504人)及365天(231人)的人较多(共1 226人参与此问题的调查)。

5.托育需求的影响因素分析

孩子3岁前是否需要入托育机构,哪些因素对母亲的需求有影响?为回答这个问题,可以从孩子月龄、婴幼儿托育方式、母亲年龄、是否为全职妈妈、家庭子女数、家庭月均收入和家中是否有老人照看等因素对3岁前的托育需求是否产生影响进行研究。

经分析发现,孩子月龄、母亲年龄、家庭子女数对3岁前的托育需求有显著影响。孩子月龄越小、母亲年龄越大、家庭子女数越少,对托育的需求就越大,见表5-8。

表5-8　托育需求的影响因素分析(Logistic 回归)

影响因素	B	S.E.	Wals	df	Sig.	Exp(B)
孩子月龄	0.011	0.005	4.157	1	0.041**	1.011
托育方式	23.007	4 174.832	0.000	1	0.996	$3.6*10^9$
母亲年龄	-0.055	0.013	18.456	1	0.000**	0.947
是否为全职妈妈	0.093	0.169	0.301	1	0.583	1.097
家庭子女数	0.212	0.097	4.823	1	0.028**	1.237
家庭月均收入	0.000	0.000	1.822	1	0.177	1.000
家中是否有老人照看	-0.192	0.139	1.899	1	0.168	0.826

注:* 表述 $p < 0.05$,** 表示 $p < 0.01$。

（三）深圳市托育服务的积极意义

1. 托育服务对生育意愿的影响

（1）一孩家庭再生育意愿。目前，全面二孩政策已经实施。对 1 153 名只有一个孩子、已婚有配偶的育龄女性进行调查发现，打算再要一个孩子的女性占 45.1%；不打算再要第二个孩子的女性占 22.9%；32.0% 的女性选择"说不好"。

根据孩子月龄分析二孩生育意愿发现，母亲的生育愿望为"打算要"在各个月龄段占比都是最高的，其次是"说不好""不打算要"的比例最低。在孩子半岁到不满 1 岁及 2 岁到不满 2 岁半时，母亲打算要第二个孩子的比例最高，"说不好"在一孩不满半岁时占比最高，"不打算要"在一孩 1 岁到不满 1 岁半时占比最高，见图 5-16 所示。

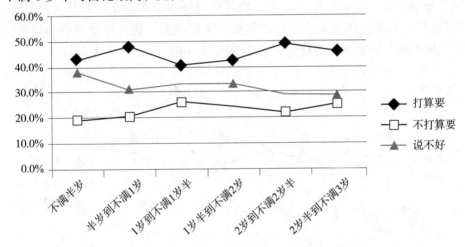

图 5-16　一孩的同龄与母亲生育意愿的关系

从母亲年龄的角度分析生育二孩意愿发现，随着母亲年龄的增长，"不打算要"的比例一直在增加，而"打算要"和"说不好"总体呈下降趋势，生育意愿在 40 岁及以上年龄段内改变最明显，见图 5-17 所示。

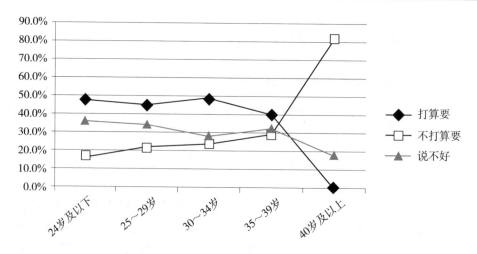

图 5-17　母亲的年龄与生育意愿

（2）单位类型与生育意愿的关系。从母亲工作单位类型的角度分析二孩生育意愿发现，母亲单位类型为中外合资或外商独资企业外的其他类型时，"打算要"的比例均为最高；除"其他"单位类型，各类型单位中的母亲选择"说不好"的比例较为接近，均占 29% ～ 39%，见图 5-18 所示。

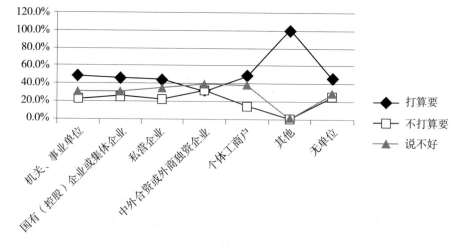

图 5-18　母亲的单位类型与生育意愿

（3）是否生育二孩的原因。不要二孩的原因主要有"经济负担太重""没人看孩子"和"养育孩子太费心"，占比分别为 76.9%、58.0% 和 57.6%。从数据可知，不要二孩主要是因为经济压力及养育、照看孩子的实际困难，见图 5-19 所示。

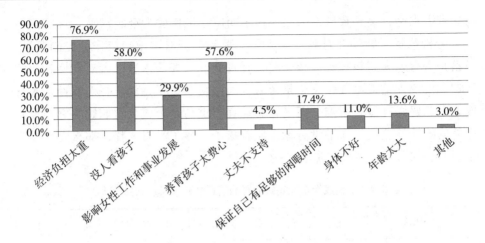

图 5-19　家庭不要二孩的原因

要二孩的原因排在前三名的是"给孩子找个伴""希望儿女双全""喜欢孩子"，占比分别为 90%、80% 和 49.4%。而"养老更有保障""增加家庭劳动力"以及"父母、公婆想要"和"丈夫想要"的占比均不超过 30%。这就表明想要二孩主要是母亲自身主观的想法，并且较少考虑经济利益和养老保障，主要从第一个孩子出发，想给孩子找个伴，见图 5-20 所示。

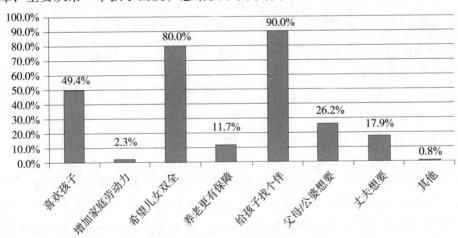

图 5-20　家庭要二孩的原因

综上所述，为使二孩政策在我国更好地实行，应针对照料及时间压力的问题，提供相应的托育服务。

2. 托育服务对女性就业的影响

考察托育服务对女性就业的影响，主要分析孩子的照料方式、入托现状与托育需求是否会导致母亲因照顾孩子而停止工作成为全职妈妈。

分析选择了婴幼儿月龄、家庭子女数和是否有本市户口作为控制变量，考察是否有老人照料孩子、孩子的入托现状和入托需求这二者对女性就业的影响。由统计结果可知，家中是否有老人照料及孩子是否入托对女性是否会成为全职妈妈有显著影响，而是否有托育需求与是否成为全职妈妈之间没有显著的统计学意义。如果没有老人照看孩子、孩子没有入托，那么女性成为全职妈妈的可能性更大，见表5-9。

表5-9　女性成为全职妈妈的影响因素分析（Logistic 回归）

影响因素	B	S.E.	Wals	df	Sig.	Exp（B）
婴幼儿月龄	0.017	0.008	4.914	1	0.027*	1.017
家庭子女数	-0.198	0.123	2.593	1	0.107	0.820
是否有本市户口	-0.609	0.176	11.952	1	0.001**	0.544
家中是否有老人照料	-2.658	0.161	271.183	1	0.000**	0.070
是否入托	-1.425	0.470	9.203	1	0.002**	0.241
是否有托育需求	0.018	0.168	0.012	1	0.913	1.019
常量	9.398	1.020	84.655	1	0.000	11 938.681

注：* 表述 $p < 0.05$，** 表示 $p < 0.01$。

3. 小结

根据调查结果发现，深圳市一孩家庭再生育受育龄女性年龄、职业等因素的影响。不想再生育的女性主要考虑的因素是经济负担、没人看孩子和养育孩子太费心。多元回归分析发现，影响女性成为全职妈妈的因素包括婴幼儿年龄、是否有老年人照看孩子和孩子是否有本地户籍。

第四节　深圳市 3 岁以下婴幼儿托育服务需求定性调研报告

为推进深圳市 3 岁以下婴幼儿托育服务快速发展，了解托育机构和社区托育供给情况，为深圳市托育政策提供参考依据，推进深圳市"幼有善育"的落实，特开展此次定性调研。

一、调研目标与内容

（一）调研目标

通过实地调研，充分了解深圳市 3 岁以下婴幼儿照护服务的现实状况和实际困难，准确把握深圳市 3 岁以下婴幼儿照护服务的实际需求，总结和提炼各区的先进做法和有效经验。同时，思考深圳市 3 岁以下婴幼儿照护工作在新形势下应该如何调适，为深圳市政府完善婴幼儿照护服务体系提供有力、可行的政策建议，使 3 岁以下婴幼儿的照护服务得到切实改善。

（二）调研内容

第一，如何贯彻落实《国务院办公厅关于促进 3 岁以下婴幼儿照护服务发展的指导意见》。

第二，对家庭婴幼儿照护的支持和指导的工作思路，现阶段科学育儿与婴幼儿早期发展相融合工作的推进情况。

第三，本辖区 3 岁以下婴幼儿照护服务机构整体情况及存在的问题，规范发展多种形式婴幼儿照护服务机构的想法和建议。

第四，教育部门对学前教育机构开设托班，服务延伸至 2～3 岁幼儿的工作思路及建议。

第五，妇联、工会、企业代表对 3 岁以下婴幼儿照护服务机构的想法和建议。

二、调研方法

本次调研主要采用实地考察、座谈会和访谈法。实地考察了南山区菲司迪国际托育中心、福田区诺贝抱抱托育中心、龙岗区全优加早教中心等，分别与区卫健局、区教育局、区工会、妇联的负责人进行座谈，听取各区对 3 岁以下婴幼儿照护服务工作的介绍。分别对海丽达、纽诺、菲司迪、诺贝抱抱、爱宝国际、豌豆花海红文化、朵孚国际、全优加等十几家托育机构负责人进行访谈，重点围绕服务机构的日常管理和早教市场的监管情况展开，以了解照护服务机构发展的基本情况。

三、调研发现与讨论

（一）婴幼儿照护服务家庭支持现状

根据《国务院办公厅关于促进 3 岁以下婴幼儿照护服务发展的指导意见》（国办发〔2019〕15 号），婴幼儿照护应遵循以家庭为主、托育补充的原则。托育服务的主要任务是加强对家庭婴幼儿照护的支持与指导，通过入户指导、亲子活动、家长课堂等活动，利用信息化手段对家长及婴幼儿照护者进行指导，提高家庭的科学育儿能力。

通过调研了解到，龙岗区、宝安区、南山区均开展了许多婴幼儿照护家庭支持工作，参考《城市家庭 3 岁以下婴幼儿托育服务需求》调研报告中的深圳市调研部分内容，相关情况如下。

1. 家庭婴幼儿照护需求

前期定量调查报告显示，深圳市总体的托育需求率为 34.8%，根据年龄段的不同，照护需求略有差异，2 岁以下婴幼儿照护需求差异不大，约在 30%～35%，2～3 岁的婴幼儿托育需求明显增大，超过 40%。目前，调查显示的入托率仅为 5.1%，与需求存在较大差距。

由于 3 岁以下婴幼儿几乎没有自理能力，家庭中至少需要 1 名全职看护人。在家庭小型化、核心化的背景下，家庭不得不通过种种方式，动员所有可用的人力、物力资源来保障孩子的生活。对于一些双职工且照护资源少的家庭来说，独自照看孩子确实会"疲于奔命"。

2. 婴幼儿照护服务家庭支持现状

深圳市 2013 年启动深圳市科学育儿指导项目，项目启动以后，以家庭需求为导向，开展家庭科学育儿指导服务和知识讲座，这些活动为婴幼儿照护服务进家庭奠定了良好的基础。家庭婴幼儿照护指导服务遵循婴幼儿成长的特点和规律，促进婴幼儿在身体发育、动作、语言、认知、情感与社会性等方面的全面发展。项目自启动以来，受到了群众的广泛欢迎，只要婴幼儿养育指导讲座的预告发出去，名额立即就被抢空。

据统计，2014—2018 年深圳市分别举办了 4 507 场、5 000 场、5 500 场、7 367 场和 7 076 场婴幼儿家庭科学育儿指导活动。五年一共开展了超过 29 000 场科学育儿知识宣传讲座类活动，参加活动的父母超过 100 万人次。讲座的主要内容有婴幼儿营养知识、婴幼儿疾病保健知识、亲子沟通技巧知识、亲子阅读知识、生长发育测评等。

3. 婴幼儿照护服务指导宣传现状

提高婴幼儿家庭照护服务能力是深圳市科学育儿指导项目的重点内容。自项目启动后，市级科学育儿项目办和全市各区科学育儿指导中心根据群众需求制作了大量的科学育儿宣传读物和宣传品并免费发放给群众，受到了婴幼儿家庭的欢迎。随着手机自媒体时代的不断发展，项目办紧随潮流，充分利用互联网进行宣传，提高对家庭婴幼儿照护的指导能力。2014 年，深圳市科学育儿项目微信公众号建立，随后全市各区也建立起各式各样的育儿知识微信公众号，对科学育儿知识的传播、科学育儿讲座活动的召集起到了关键的作用。

（二）婴幼儿照护服务社区供给状况

1. 婴幼儿照护社区供给现状

深圳市各区、街道、社区尚未建立公益、普惠的婴幼儿照护服务机构，只是在部分社区党群服务中心提供了暑期夏令营、4 点半学校等相关的服务，并没有设立 3 岁以下婴幼儿照护服务机构。目前，各区、街道尚没有制定相应的支持政策。

2. 社康中心卫生保健建设与服务现状

2018 年，深圳市新生儿访视率为 95.46%，7 岁以下儿童健康管理率为 97.12%，3 岁以下儿童系统管理率为 90.72%。深圳市共有 585 家社区健康服务中心（以下简称社康中心），它们会提供 0～6 岁儿童健康管理服务，主要开展 0～3 岁散居儿童生长发育监测、营养、五官保健及心理保健等儿童保健常规工作和 3～6 岁托幼机构儿童入园体检工作。同时，认真贯彻执行婴幼儿喂养与营养改善项目（降低儿童贫血专项行动）、0～6 岁儿童心理行为问题干预项目等妇幼安康工程项目。目前，社康中心卫生保健建设尚未覆盖婴幼儿照护机构，还未建立与婴幼儿照护机构合作的有效模式。

3. 社区科学育儿指导站建设现状

自 2013 年以来，市区两级政府将十大优生健康惠民工程纳入民生微实事工程，将科学育儿指导项目纳入全年工作责任制考核，针对科学育儿指导项目成立领导小组、专家组和项目办公室。截至 2018 年底，已经挂牌建设 372 个各级科学育儿指导中心（站）。为保障各级科学育儿指导中心（站）的科学性和规范性，深圳市卫健委印发了《深圳市儿童早期发展科学育儿指导中心（站）建设指南》和《深圳市儿童早期发展科学育儿指导中心（站）工作规范》，坚持儿童优先原则，最大限度地保护婴幼儿，确保婴幼儿的安全和健康。

充分发挥儿童早期发展项目和科学育儿项目资源的融合作用，为街道、社区的儿童早期发展科学育儿指导站提供与技术、日常服务相关的指导与支持。利用儿童体检、计免日等契机向街道 0 ~ 3 岁育儿家庭宣传儿童早期发展科学育儿项目，提供免费的亲子课程、家长学校等服务。

4. 社区"家庭发展服务中心"改造情况

2019 年 5 月，深圳市卫健委、市计生协为加强社区家庭服务能力建设，发布了《市卫生健康委市计生协关于印发深圳市社区生育文化中心转型为家庭发展服务中心工作方案的通知》（深卫健家妇〔2019〕12 号），其工作目标是"从 2019 年开始到 2021 年，力争用三年的时间，在全市所有社区建立'家发中心'，打造以开展家庭发展与健康教育为主、协助提供健康服务为辅的家庭发展服务平台"。

（三）婴幼儿照护服务机构现状

通过现场调研我们了解到，目前深圳市没有建立任何非营利性的婴幼儿照护服务机构，没有在区级以上的机构编制部门或民政部门登记注册的机构。目前，深圳市大量的照护机构都是早教机构或其他具有婴幼儿照护功能的机构，这些机构均在区级以上市场监管部门注册登记，所有机构并没有在任何相关监管机构进行备案，目前市场提供的服务与需求不完全匹配。对照《托育服务机构设置标准（试行）》和《托育机构管理规范（试行）》两个文件，目前深圳市婴幼儿照护服务机构在托育师资人才队伍设置、安全设置、消防设置上均不能达到国家要求。

1.婴幼儿照护设施、场地规划等

通过调研我们了解到，深圳市各级政府并没有对婴幼儿照护服务设施和场地建设布局进行规划，尚没有新建、扩建、改建婴幼儿照护机构和设施的计划。

深圳市的用人单位、大型企事业单位、私营企业较少在工作场所为职工提供福利性婴幼儿照护服务。

2.营利性婴幼儿照护服务机构

（1）服务方式。目前，照护机构按照护方式可以分为全日托、半日托、计时托和临时托等，如果是在暑期阶段，服务机构或党群服务中心就会开设暑期班或夏令营。目前，在调研的服务机构内多数为2～3岁的儿童，1岁以下的幼儿较少。多数家庭还是在孩子具有一定的自理能力后再将其送去服务机构，原因和家庭对服务机构的信任度、价格、家庭人力都有一定的关系。

（2）服务时间。目前，参与调研的服务机构基本上都是早上7：30—8：30集中入园，下午16：00—17：00集中离园。从理论上讲，这样的服务时间应该能够满足大部分家长的需求。

（3）服务环境。此次调研的服务机构的环境和装修设置都达标了，在儿童安全设置、服务课程、照护工作和人员配比方面做得都比较好，不同年龄段的孩子和工作人员的配比基本符合国家的要求。多数机构都安装了监控摄像头，幼儿家长可以通过手机随时查看幼儿的情况。服务机构的室外活动场所空间比较受限，因为多数服务机构都在小区内，而小区物业管理通常认为室外活动空间属于小区公共场所，只有少部分的机构在和物业沟通好之后才能利用室外活动空间。

（4）服务费用。儿童的年龄段不同，费用也不同。此次参与调研的机构的费用为每月4 000～8 000元。通过座谈会我们了解到，市场上存在一些较小的家庭式机构，收费会相对低一些，但也有优质的托育场所，每月收费最高可达20 000元。

几乎所有的机构都反映在深圳市开办婴幼儿照护机构的房租过高，许多机构都处于亏损状态，希望政府可以出台相应的补贴政策。一些贫困家庭无法承担孩子的托育费用，建议政府鼓励服务机构收纳部分贫困婴幼儿，可采取精神鼓励的方式，如颁发爱心企业匾额等。

3. 机构人才队伍现状

目前，深圳市社区卫生保健队伍开展了大量的婴幼儿健康服务，也有一支完善的婴幼儿卫生保健队伍。深圳市建立了家庭婴幼儿照护指导专家和师资队伍，但尚缺乏婴幼儿照护专业队伍。

（1）社区儿童保健人才队伍建设情况。各区妇幼保健院儿童保健科医护人员共479人，其中医师人员154人，从事群体儿童保健专职医师38人。全市社康中心儿童保健医师（专/兼职）共774人。目前，仍存在儿童保健工作量大、儿童保健医生流动性大、配备不足的问题，卫生保健的细节工作依然有待加强与落实。

（2）家庭科学育儿指导专家师资队伍情况。自2013年启动以来，科学育儿指导项目就非常重视服务队伍的师资培训工作，深圳市科学育儿项目办先后开展了17期科学育儿指导项目师资培训班，主题包括婴幼儿早期发展、婴幼儿常见病家庭护理、婴幼儿营养、亲子沟通、亲子阅读。培训班邀请了哈佛大学儿童发展中心、中科院、首都儿研所、北京师范大学、西安交通大学、华东师范大学等相关行业的国内外专家来授课，并派出教师参加国家的师资培训班，通过培训提高深圳市科学育儿师资队伍的能力和水平。

2018年，深圳市建立儿童早期发展科学育儿专家库和讲师师资库，专家库成员负责全市各区和街道的家庭科学育儿指导项目的规划和师资培训，讲师库成员为全市婴幼儿家庭提供婴幼儿养育指导，并加强对市级项目负责专家库成员和讲师库成员的管理工作。

4. 服务机构相关问题

在此次调研中，各个机构在政府管理、标准规范上都反馈了一些问题。

（1）建设与运营标准问题。目前，深圳市服务机构没有统一的建设标准、工作规范、消防安全标准等，各个企业都是引入或学习国外及地区的婴幼儿照护机构的设置经验。每个企业都有自己的标准，部分企业表示愿意分享自己的设置标准和运营管理经验。部分服务机构除了正常运营，还为其他行业的机构开展培训工作。

（2）卫生保健相关问题。卫生保健工作基本参考的是幼儿园卫生保健工作规范，没有单独的婴幼儿照护机构卫生保健工作规范。相关机构都设置了儿童保健场地，但尚未开展儿童保健相关服务，在调查的机构中只有1家机构聘请了儿童保健医生，机构内也没有提供相关的婴幼儿健康管理服务。

（3）机构登记与监管问题。目前，深圳市所有的婴幼儿照护机构基本都是在工商登记注册的，在行业准入、监管方面比较空缺，希望国家文件出台之后，卫健委能对这些行业进行有效的管理。

（4）行业协会问题。目前，深圳市托育行业没有建立行业协会，部分企业正组建行业协会，但行业内成员反映，加入协会的企业比较混杂，除了托育行业机构外，还存在其他母婴产品等相关企业。

（5）专业师资严重缺乏。3岁前的婴幼儿处于快速成长期，自我保护性差，3岁前的保教工作需要更高的专业性和科学性。目前，保育机构一般配备的是育婴师、幼儿教师，他们均不能满足3岁以下婴幼儿早期发展的行业资质要求。调研发现，不少保教人员仅仅通过机构的短期培训便直接上岗，机构没有建立常态化的培训机制，严重影响了公共照护服务机构的社会声誉和服务质量。目前，深圳市管理较为规范的机构均要求专业教师取得育婴师和幼师资格证，但也有一部分仅取得幼师资格证。由于服务机构内的服务对象为3岁以下的儿童，工作难度和时间方面不如幼儿园有优势，因此多数机构为了吸引专业教师，往往需要提高工作人员的待遇水平，这样就提高了运营成本。即使这样，往往也很难在社会上招聘到满意的教师。多数服务机构反馈希望教育机构加快相关行业内的人才培养和行业内部的培训工作。

（6）监管与评价缺乏。目前，市场上大部分的照护服务是由早教机构来完成的，但是这些机构往往并不具备专业照护服务的资格。调研发现，绝大多数私立的早教机构、托婴中心、亲子培训机构等完全没有妥善的管理与评监制度。有一部分早教机构并不具备专业资格，或者根本没有办理任何营业执照，场所设置也存在安全隐患。

在幼儿饮食方面，有的企业采用外包配送的方式采购，有的企业自己制作，尚缺乏统一的标准的操作规范。

（7）发展方向偏颇。对比国家调研报告的情况，深圳市目前同样存在片面强调早教类托幼机构的现象，如过分强调此类机构的教育功能，忽视其作为托幼机构的保育性质和功能，市场上的早教机构的发展目标和功能越来越趋向"教育化"。政府出台的一些托幼规划和政策性文件，如逐步推进幼儿教育社会化，也在某种程度上强化了此类机构的幼儿教育性质，弱化了其照看和照料的保育功能。

四、建议

（一）建立市、区级 17 个相关部门联席会议制度

根据国家指导意见要求，促进 3 岁以下婴幼儿照护服务发展涉及的部门有发展改革、教育、公安、民政、财政、人力资源社会保障、自然资源、住房城乡建设、卫生健康、应急管理、税务、市场监管、工会、共青团、妇联、计生协和宋庆龄基金会等 17 个部门。下一步应建立市、区两级 17 个相关部门联席会议制度，不定期召开工作研讨会，确定各部门的工作职责，建立相关部门项目工作群，确保婴幼儿照料服务工作能够逐步向前推进。

（二）继续开展深圳市婴幼儿照护服务供需两端状况研究

为推动婴幼儿照护服务工作，应为婴幼儿家庭提供精准匹配的婴幼儿照护服务供给，考虑各区经济发展水平和家庭需求差异。下一步应尽快摸清各区婴幼儿的需求状况和供给状况，了解不同经济收入家庭、不同区域、不同年龄段、不同户籍家庭的结构性差异，为深圳市研究推进婴幼儿照护服务工作和相关政策的制定提供参考。

（三）制定婴幼儿照护服务三年行动计划

根据国家指导意见，明确深圳市婴幼儿照护服务发展目标，包括建立婴幼儿照护服务政策法规体系和标准规范、建设示范性的服务机构，逐步形成政策和标准规范健全的多样化、多元化的婴幼儿照护服务体系。

深圳市应尽快制定婴幼儿照护服务三年行动计划，明确各部门未来三年的工作目标。

（四）加强婴幼儿照护服务家庭指导工作

根据国家指导意见，为家庭提供婴幼儿照护的指导与支持是首要工作任务。应继续做好儿童基本公共卫生服务，为婴幼儿家庭提供新生儿访视、膳食营养、生长发育、预防接种、安全防护和疾病防控等服务。

结合深圳市儿童早期发展科学育儿指导项目情况，应加强对家庭婴幼儿早期发展指导，提供入户指导、亲子活动、家长课堂等服务。除了制定相关工作目标外，还应尽快出台项目考核办法，推动婴幼儿照护家庭指导工作落到实处。

（五）推进示范性婴幼儿照护服务机构建设

根据国家指导意见，应建立一批具有示范效应的婴幼儿照护服务机构。为推进该项工作，应尽快研究推进各区示范点建设工作，为服务体系建设提供经验。

除了现有的婴幼儿照护服务机构市场化管理外，还可以鼓励深圳市的大型企业、事业单位提供照护服务。鼓励深圳市有条件的大中型企业基于女性员工的年龄和两孩生育情况，在获得相关资质的前提下，开办企业内的托幼机构，完善社区婴幼儿照护服务体系。

（六）推进婴幼儿照护服务专业队伍培训工作

完善托育人员的培训体系，提高深圳市托育师资队伍专业培训的质量。与深圳市教育局沟通，开展托育人员专业化培训工作，制定规范的职业认证体制，落实保育员的地位和待遇。

（七）推进婴幼儿照护服务和卫生保健工作

为贯彻婴幼儿照护机构预防为主、保教结合的工作方针，应鼓励有能力的婴幼儿照护机构设立符合要求的保健室并配备有资质的卫生保健人员，为照护儿童创造良好的生活环境，预防、控制传染病，降低常见病的发病率，培养健康的生活习惯，保障儿童的身心健康。同时，加强卫生保健队伍建设，定期举行卫生保健人员上岗培训和业务培训，提高卫生保健人员从业资格条件，要求其具有医学相关专业中专及以上学历。婴幼儿照护机构应与就近的社康中心、医院等医疗保健机构建立合作机制。比如，医疗保健机构结合基本公共卫生项目为托育机构提供儿童健康管理服务；建立医疗直通车机制，托育机构在遇到紧急情况时，可迅速通过绿色通道到医疗机构进行救治等。

（八）建立婴幼儿照护机构监督管理体系

根据国家文件要求，所有婴幼儿照护机构均需要在卫健委系统备案登记，参考国家出台的设置标准、运营规范，建立深圳市婴幼儿照护服务机构备案后的监督、考核管理体系。

（九）推动深圳市婴幼儿照护服务机构行业协会建设

为推动深圳市婴幼儿照护工作标准化、规范化，作为行业主管部门，应尽快推动婴幼儿照护服务机构协会的建立。加强行业与主管部门的沟通，推动婴幼儿照护服务工作的规范管理。

（十）发挥深圳先行示范区政策优势，探索相关政策

利用深圳市的优势，出台支持家庭照料的相关政策。充分利用深圳特区的立法优势，研究出台相关政策以有效支持家庭照料功能的发挥，措施主要包括以下几点。第一，落实婚假、产假、育儿假、丈夫育儿假等，制定特定时期的弹性、灵活的工作时间。第二，适当延长母亲的产假时间，延长哺乳假时间，小于3岁的婴幼儿的母亲每天可以提前1～2小时下班，为有孩子的家庭提供3～5天的年假等。第三，改善工作场所的服务设施与环境，提供人性化配套服务，如哺乳室、育婴房、托儿所等。

第五节　深圳市婴幼儿托育服务机构现状调查报告

一、研究背景

随着《国务院办公厅关于促进3岁以下婴幼儿照护服务发展的指导意见》（国办发〔2019〕15号）文件的出台，为掌握深圳市3岁以下婴幼儿照护服务机构整体情况，深圳市卫生健康发展研究中心对全市3岁以下婴幼儿的照护服务机构进行摸底调查，以了解深圳市婴幼儿照护服务现状。

二、方法对象

本次调查的目的是为研究出台深圳市相关政策规范提供基础信息。

调查对象是深圳市区内为3岁以下婴幼儿提供托育服务的机构，主要服务内容包括但不限于为婴幼儿提供托管、培育、午睡、餐饮、家长课程等。如果机构服务年龄跨度大，那么只要存在对3岁以下婴幼儿提供托育服务即可。本次摸底调查采取线上填报的方式，各区（新区）组织本辖区内的婴幼儿照护服务机构根据填报说明如实填报《婴幼儿照护机构调查表》，各辖区对现存的婴幼儿照护服务机构进行摸底并从网上填报机构信息。本次调查采用的是全样本调查方式，各种形式的婴幼儿照护服务机构均需填报。

调查时间为2019年10月。

三、调查结果

（一）托育服务机构的基本情况

本次调查一共调查了 380 家各类婴幼儿照护机构，含幼儿园托班 58 家、早教机构结合托班 218 家、家庭式托育 10 家、社区托育照护 3 家、妇幼保健院承办机构 2 家、个体托育机构（无营业执照或登记证书）2 家、专业托育机构（有营业执照或登记证书）81 家，其他类型机构 6 家。深圳市没有事业单位自行承办托儿所的情况。

1. 机构分布

本次调查共收集了 380 家机构的数据，不同区域机构数差异较大。机构数最多的区是龙岗区，占比 27.37%，机构数最少的区为大鹏新区，只有 9 家机构，占比 2.37%。考虑每个区的人口差异，调查发现每万名婴幼儿照护机构数最多的是盐田区，有 17.10 家；最少的是宝安区，只有 1.47 家，见表 5-10。

表 5-10　婴幼儿照护服务机构各区分布情况

所在区	机构数／家	百分比／%	0～3岁儿童数／个	万名儿童机构数／家
盐田	11	2.89	6 431	17.10
大鹏	9	2.37	6 237	14.43
南山	59	15.53	56 670	10.41
光明	28	7.37	35 200	7.95
龙岗	104	27.37	171 541	6.06
罗湖	35	9.21	63 343	5.53
龙华	68	17.89	126 303	5.38
坪山	10	2.63	22 030	4.54
福田	34	8.95	86 287	3.94
宝安	22	5.79	149 953	1.47
合计	380	100.00	723 995	5.25

注：数据来源于深圳市卫生数据系统（2018—2020 年数据）。

2. 机构类型

托育机构占比最多的类型为早教机构结合托班，有 218 家，占比 57.37%；其次为专业的托育机构，有 81 家，占比 21.32%；幼儿园开设托班的机构有 58 家，占比 15.26%。在其他家庭式托育、社区托育、妇幼保健院开展托育等其他类型机构占比较低，见表 5-11。

表 5-11　深圳市托育机构类别

机构类型	机构数／家	百分比／%
幼儿园托班	58	15.26
早教机构结合托班	218	57.37
家庭式托育	10	2.63
社区托育照护	3	0.79
妇幼保健院承办机构	2	0.53
个体托育机构（无营业执照或登记证书）	2	0.53
专业托育机构（有营业执照或登记证书）	81	21.31
其他类型机构	6	1.58
合计	380	100.0

3. 服务年份

调查显示，有 7 家机构尚处在筹建阶段；建设满一年的机构有 61 家，占比 16.1%；数量最多的是建设满 2 年且低于 5 年的机构，占比 35.0%；建设满 10 年以上的机构占比 10.8%，见表 5-12。

表 5-12　托育机构服务年份

服务年限	机构数／家	百分比／%
筹建阶段	7	1.8
1 年以内	61	16.1
满 1 年到 2 年以内	81	21.3
满 2 年到 5 年以内	133	35.0
满 5 年到 10 年以内	57	15.0
满 10 年以上	41	10.8
合计	380	100.0

4.收托月龄

不同类型的机构，收托平均最低月龄和最大月龄差异较大，收托平均最低月龄最大的是幼儿园托班，月龄为 28.74 个月，最小的为妇幼保健院开设的托班。专业托育机构收托的平均最小月龄为 15.38 个月。整体收托平均最小月龄为 19.09 个月，最大收托月龄为 15.38 个月，见表 5-13。

表 5-13　托育机构收托月龄情况

单位：月

机构类型	收托最小月龄均数	收托最大月龄均数
幼儿园托班	28.74	50.06
早教机构结合托班	17.99	44.88
家庭式托育	20.40	45.60
社区托育照护	20.33	36.00
妇幼保健院承办机构	12.00	23.00
个体托育机构（无营业执照或登记证书）	24	48
专业托育机构（有营业执照或登记证书）	15.38	43.78
其他类型机构	19.17	53.33
合计	19.09	45.38

5.机构运营性质

调查显示，总体有 82.22% 的机构为营利性机构，非营利性机构占比为17.78%。早教结合托班和专业托育机构均以营利机构为主，见表 5-14。

表 5-14　托育机构性质

机构类型	营利机构数 / 家	占比 /%	非营利机构数 / 家	占比 /%
幼儿园托班	21	39.62	32	60.38
早教机构结合托班	193	93.24	14	6.76
家庭式托育	3	37.50	5	62.50
社区托育照护	1	50.00	1	50.00
妇幼保健院承办机构	1	50.00	1	50.00
个体托育机构（无营业执照或登记证书）	2	100.00	0	0.00
专业托育机构（有营业执照或登记证书）	71	88.75	9	11.25
其他类型机构	4	66.67	2	33.33
合计	296	82.22	64	17.78

6.服务形式

通过数据可以发现，能够根据家长需求灵活提供各种服务的机构有早教机构结合托班、专业的托育机构和家庭式托育机构，见表5-15。

表5-15　服务形式

单位：家

机构类型	全日托	半日托	计时托	临时托
幼儿园托班	54	1	1	8
早教机构结合托班	144	178	45	26
家庭式托育	4	6	2	3
社区托育照护	2	3	0	0
妇幼保健院承办机构	0	1	1	0
个体托育机构（无营业执照或登记证书）	1	1	1	0
专业托育机构（有营业执照或登记证书）	68	58	22	19
其他类型机构	5	1	0	1
合计	278	249	72	57

7.机构服务的内容

数据显示，无论哪种类型机构的托育服务一般都包括照料、看护、保育和保教，各种类型的机构差异不大。从总体上看，提供保教服务的机构最多，而提供照料和看护服务的机构相对较少，见表5-16。

表 5-16 服务内容

单位：家

机构类型	照料	看护	保育	保教
幼儿园托班	8	7	30	55
早教机构结合托班	82	87	116	181
家庭式托育	4	7	3	7
社区托育照护	1	1	1	1
妇幼保健院承办机构	1	1	1	2
个体托育机构 （无营业执照或登记证书）	0	0	1	2
专业托育机构 （有营业执照或登记证书）	34	33	53	73
其他类型机构	3	2	3	5
合计	133	138	208	326

8. 服务时间

数据显示，各个机构都能在周一到周五提供服务，只有少量的早教结合托班和专业托育机构能在周六、周日提供服务，见表5-17。

表5-17　服务时间

单位：家

机构类型	周一	周二	周三	周四	周五	周六	周日
幼儿园托班	58	58	58	58	58	3	2
早教机构结合托班	214	215	214	215	215	61	48
家庭式托育	10	10	10	9	9	1	1
社区托育照护	3	3	3	3	3	0	0
妇幼保健院承办机构	2	2	2	2	2	1	1
个体托育机构（无营业执照或登记证书）	2	2	2	2	2	1	0
专业托育机构（有营业执照或登记证书）	81	81	81	81	81	21	15
其他类型机构	6	6	6	6	6	2	0
合计	376	377	376	376	376	90	67

9. 入托时间

各类机构早晨入托时间和下午结束时间差异不大，平均在上午8点左右入托，下午5点左右结束，见表5-18。

表 5-18　接送托时间

机构类型	平均送托时间	平均结束时间
幼儿园托班	7：57	16：59
早教机构结合托班	8：34	16：75
家庭式托育	8：11	16：22
社区托育照护	8：50	16：00
妇幼保健院承办机构	8：00	18：00
个体托育机构 （无营业执照或登记证书）	8：00	17：00
专业托育机构 （有营业执照或登记证书）	7：96	17：47
其他类型机构	7：80	17：00
合计	8：10	16：87

10. 机构供餐情况

数据表明，幼儿园托班自行加工膳食比较多，早教机构和专业托育机构基本上不自行加工膳食，或者由餐饮公司提供送餐服务，见表5-19。

表5-19 供餐服务

机构类型	自行加工膳食/家	比例/%	送餐服务/家	比例/%	不提供膳食/家	比例/%
幼儿园托班	52	92.86	2	3.57	2	3.57
早教机构结合托班	85	41.26	61	29.61	60	29.13
家庭式托育	6	66.67	1	11.11	2	22.22
社区托育照护	0	0.00	2	100.00	0	0.00
妇幼保健院承办机构	2	100.00	0	0.00	0	0.00
个体托育机构（无营业执照或登记证书）	0	0.00	1	50.00	1	50.00
专业托育机构（有营业执照或登记证书）	35	44.87	31	39.74	12	15.38
其他类型机构	4	66.67	2	33.33	0	0.00
合计	184	50.97	100	27.70	77	21.33

11. 登记机关

通过数据可以发现，绝大多数的机构都是在工商登记的，只有幼儿园在教育机构和民政机构登记的比例较高，而其他登记的比例较低，见表5-20。

表5-20 登记机关

单位：家

机构类型	工商登记	民政登记	教育登记	其他登记
幼儿园托班	3	26	38	0
早教机构结合托班	198	2	7	3
家庭式托育	9	0	2	1
社区托育照护	2	0	0	0
妇幼保健院承办机构	1	0	0	1
个体托育机构（无营业执照或登记证书）	2	0	0	0
专业托育机构（有营业执照或登记证书）	70	4	6	2
其他类型机构	5	1	0	0
合计	290	33	53	7

12. 机构负责人的最高学历

从调查中发现，绝大多数机构的负责人都具有大专以上学历，本科学历占比最高。机构负责人具有本科学历的有222人，占58.42%；具有大专学历的有107人，占34.74%；具有研究生学历的有28人，占7.37%。

13. 服务机构相关证照情况

从表5-21持有证件百分比可以发现，在这些机构中，卫生评价报告合格证持有比例最低，为23.5%；其次是办学许可证，占比23.9%；证照比较齐全的为营业执照，占比98.69%。按类型来看，幼儿园开设托班的证照相对齐全，其次是早教机构开设托班和其他类型机构。

表5-21　各类型机构证件持有百分比

照护机构	相关资质					
	办学许可证	营业执照	场地证明	消防安全合格证	食品经营许可证	卫生评价报告合格
幼儿园托班	96.55%	91.38%	96.55%	98.28%	98.28%	93.1%
早教机构结合托班	17.85%	98.17%	68.35%	67.89%	14.68%	16.06%
家庭式托育	30	100%	60%	40%	0	0
社区托育照护	0	100%	33.33%	33.33%	0	0
妇幼保健院承办机构	0	100%	50%	50%	50%	50%
个体托育机构（无营业执照或等级证书）	0	100%	100%	100%	0	0
托育机构（有营业执照或等级证书）	13.58%	100%	79.01%	75.31%	14.81%	12.35%
其他类型机构	33.33%	100%	83.33%	66.67%	50%	16.67%
平均值	23.9%	98.69%	68.77%	66.43%	28.47%	23.5%

（二）托育服务场所的基础设施情况

1.托育机构场地性质

数据显示，93.09%的机构场地为租赁形式，有自有场地的机构只占3.99%。在不同类型的机构中，早教机构结合托班和专业托育机构，以及家庭式托育的场地租赁比例更高，超过 96%。场地成本在托育机构运营成本中占比很重，见表 5-22。

表 5-22　托育机构场地来源

机构类型	自有/家	比例/%	租赁/家	比例/%	其他形式/家	比例/%
幼儿园托班	4	7.14	42	75.00	10	17.86
早教机构结合托班	8	3.72	207	96.28	0	0.00
家庭式托育	0	0.00	10	100.00	0	0.00
社区托育照护	0	0.00	3	100.00	0	0.00
妇幼保健院承办机构	1	50.00	1	50.00	0	0.00
个体托育机构（无营业执照或登记证书）	0	0.00	2	100.00	0	0.00
专业托育机构（有营业执照或登记证书）	1	1.22	81	98.78	0	0.00
其他类型机构	1	16.67	4	66.67	1	16.67
合计	15	3.99	350	93.09	11	2.93

2. 场地面积

从填报的数据统计中可以发现，幼儿园的平均场地面积最多，专业托育机构和早教机构结合托班的平均场地面积排在第二位和第三位，而家庭式托育点的场地面积占比最小，见表5-23。

表5-23　不同类型机构场地面积情况

单位：平方米

机构类型	平均建筑面积	平均使用面积	平均室外活动面积	平均生活用房面积
幼儿园托班	2 590.91	2 609.55	1 650.51	856.2
专业托育机构 （有营业执照或登记证书）	712.33	571.63	252.02	225.05
社区托育照护	503.33	370	100	65
早教机构结合托班	478.87	395.52	156.6	124.7
其他类型机构	437.67	592.17	167.4	145.75
妇幼保健院承办机构	320	200	75	175
家庭式托育	124.22	118.8	158.43	86.14
个体托育机构 （无营业执照或登记证书）	69	430	350	
合计	857.09	790.96	482.69	289.05

3. 所在楼层

根据国家托育机构建设标准要求，托育机构应设置在首层，执行确有困难的机构可设置在二、三层。从各机构填报的数据来看，设置在首层的机构占比为50%，而家庭式托育楼层设置在首层占比最低，仅为10%，见表5-24。

• 139 •

表 5-24　托育机构设置楼层情况

单位：家

机构类型	一层	占比	二层	占比	三层	占比	其他楼层	占比
幼儿园托班	37	63.79%	29	50.00%	27	46.55%	5	8.62%
早教机构结合托班	101	46.33%	106	48.62%	45	20.64%	6	2.75%
家庭式托育	1	10.00%	3	30.00%	3	30.00%	3	30.00%
社区托育照护	2	66.67%	1	33.33%	0	0.00%	0	0.00%
妇幼保健院承办机构	1	50.00%	1	50.00%	1	50.00%	1	50.00%
个体托育机构（无营业执照或登记证书）	1	50.00%	1	50.00%	0	0.00%	0	0.00%
专业托育机构（有营业执照或登记证书）	45	55.56%	41	50.62%	19	23.46%	4	4.94%
其他类型机构	3	50.00%	1	16.67%	0	0.00%	1	16.67%
合计	191	50.26%	183	48.16%	95	25.00%	20	5.26%

4.楼层通道情况

从填报的数据中可以发现，各个机构基本都设置了独立安全的疏散出口，70%以上的机构会设置独立的疏散楼梯。从数据中我们可以发现，家庭式托育点设置独立的疏散通道和出口占比较低，见表5-25。

表5-25　疏散通道情况

机构类型	机构数/家	独立安全疏散出口/家	占比/%	独立的疏散楼梯/家	占比/%
幼儿园托班	58	57	98.28	52	89.66
早教机构结合托班	218	207	94.95	161	73.85
家庭式托育	10	8	80.00	6	60.00
社区托育照护	3	3	100.00	1	33.33
妇幼保健院承办机构	2	2	100.00	1	50.00
个体托育机构（无营业执照或登记证书）	2	2	100.00	1	50.00
专业托育机构（有营业执照或登记证书）	81	73	90.12	57	70.37
其他类型机构	6	6	100.00	5	83.33
合计	380	358	94.21	284	74.74

5.功能用房分区情况

从数据中可以发现，所有的托育机构基本上都提供了用餐区、睡眠区、游戏区、盥洗区、储物区和办公室。而保健室、安保室、厨房、哺乳室和配乳室设置占比较低，见表5-26。

表 5-26　功能用房设置机构类型

单位：家

机构类型	用餐区	睡眠区	游戏区	盥洗区	储物区	保健室	办公室	安保室	厨房	库房	消毒房	哺乳（喂奶）室	配乳室
幼儿园托班	56	55	58	58	56	57	58	51	56	57	49	2	3
早教机构结合托班	161	154	209	208	200	90	189	35	92	161	125	84	50
家庭式托育	8	7	8	8	8	3	5	2	7	4	2	0	1
社区托育照护	1	2	2	2	2	1	2	0	0	1	1	1	0
妇幼保健院承办机构	2	1	2	2	1	2	2	0	2	1	1	1	1
个体托育机构（无营业执照或登记证书）	0	0	1	2	1	2	1	1	1	1	0	0	0
专业托育机构（有营业执照或登记证书）	68	65	77	78	76	44	68	21	48	68	52	23	19
其他类型机构	6	6	6	6	6	4	6	2	4	5	3	1	1
合计	302	290	363	364	350	203	331	112	210	298	233	112	75

（三）托育服务机构的人员情况

1. 机构人员数

从填报的数据中可以发现，所有机构的在职人员基本都是全职工作人员，兼职和返聘占比较低。在不同类型的机构中，平均工作人员数量最多的为幼儿园，而工作人员数量最少的为家庭式托育点，每个机构平均工作人员不足 4 人，见表 5-27。

表5-27　机构工作人员情况

机构类型	机构数/家	平均总人数/人	全职平均人数/人	兼职平均人数/人	返聘平均人数/人
幼儿园托班	58	38.14	37.57	0.16	0.6
早教机构结合托班	217	12.38	11.76	0.44	0.03
家庭式托育	10	3.8	3.1	0.25	0
社区托育照护	3	9.67	9.67	0.33	0
妇幼保健院承办机构	2	6.5	6.5	0	0
个体托育机构（无营业执照或登记证书）	2	17.50	17.50	0	0
专业托育机构（有营业执照或登记证书）	81	15.36	14.93	0.51	0.15
其他类型机构	6	13.67	13.67	0	0
合计	379	16.73	16.17	0.4	0.14

2. 机构工作人员持证情况

从填报的数据中可以发现，各个机构的育婴师、保健员和保育员中的专业人员占比较低，占比相对较高的机构有妇幼保健院承办的托育机构，早教机构结合托班和专业托育机构专业人员占比比其他类型的更高，见表5-28。

表5-28 机构工作人员持有专业资格证书情况

机构类型	幼儿园托班	早教机构结合托班	家庭式托育	社区托育照护	妇幼保健院承办机构	个体托育机构（无营业执照或登记证书）	专业托育机构（有营业执照或登记证书）	其他类型机构	合计
填报机构数/家	58	208	10	3	2	2	81	6	361
平均总人数/人	38.14	12.38	3.8	9.67	6.5	17.5	15.36	13.67	16.73
育婴师/人	2.96	3.13	0.56	2.5	3.5	1	3.27	1.6	3.03
占比/%	7.76	25.28	14.74	25.85	53.85	5.71	21.29	11.7	18.11
保健员/人	1.7	0.65	0.67	0.5	1	0	0.64	0.6	0.81
占比/%	4.46	5.25	17.63	5.17	15.38	0.00	4.17	4.39	4.84
保育员/人	8.16	1.65	1.38	2	1	1.5	2.59	2.17	2.89
占比/%	21.39	13.33	36.32	20.68	15.38	8.57	16.86	15.87	17.27
营养师/人	0.29	0.25	0.13	0	0.5	0	0.23	0	0.24
占比/%	0.76	2.02	3.42	0.00	7.69	0.00	1.50	0.00	1.43
炊事员/人	2.91	0.26	0.13	0	0	0	0.67	0.83	0.79
占比/%	7.63	2.10	3.42	0.00	0.00	0.00	4.36	6.07	4.72
保安员/人	2.72	0.24	0	0	0	0.5	0.45	0.5	0.69
占比/%	7.13	1.94	0.00	0.00	0.00	2.86	2.93	3.66	4.12

3.机构人员培训情况

从数据中可以发现，各个类型的机构在岗前培训、签订合同和定期培训方面做得都比较好，见表5-29。

表5-29 机构人员培训情况

单位：家

机构类型	填报机构数	岗前培训	依法签订劳动合同	定期培训
幼儿园托班	58	58	58	58
早教机构结合托班	216	216	215	212
家庭式托育	10	10	7	10
社区托育照护	3	3	3	3
妇幼保健院承办机构	2	2	2	2
个体托育机构（无营业执照或登记证书）	2	2	2	2
专业托育机构（有营业执照或登记证书）	81	80	80	80
其他类型机构	6	5	5	5
合计	378	376	372	372

（四）托育服务机构的管理情况

1.标准关注度

从数据中可以发现，各类型机构对相关的标准规范都很关注，高度关注的比例为83.68%，见表5-30。

表 5-30　对标准规范关注情况

机构类型	高度关注 / 家	占比 /%	一般关注	占比 /%	从无关注
幼儿园托班	51	87.93	6	10.34	0
早教机构结合托班	182	83.49	27	12.39	0
家庭式托育	8	80.00	2	20.00	0
社区托育照护	3	100.00	0	0.00	0
妇幼保健院承办机构	1	50.00	1	50.00	0
个体托育机构 （无营业执照或登记证书）	2	100.00	0	0.00	0
专业托育机构 （有营业执照或登记证书）	67	82.72	10	12.35	0
其他类型机构	4	66.67	2	33.33	0
合计	318	83.68	48	12.63	0

2. 对行业标准的执行情况

各个机构基本都能配合相关管理规定，并且都能保持年检合格和配合相关管理部门的监督检查，各个机构基本上都可以做到规范营运，见表5-31。

表5-31　相关制度执行情况

单位：家

机构类型	建立并执行管理制度	保持年检合格	配合相关管理部门监督检查
幼儿园托班	57	57	57
早教机构结合托班	213	190	205
家庭式托育	9	7	10
社区托育照护	3	2	3
妇幼保健院承办机构	2	2	2
个体托育机构 （无营业执照或登记证书）	2	2	2
专业托育机构 （有营业执照或登记证书）	81	73	79
其他类型机构	5	6	6
合计	372	339	364

3. 健康管理

从数据中可以发现，各个机构都非常重视晨检、午检、健康观察和卫生消毒隔离制度。相关比例均接近95%以上，见表5-32。

表 5-32 健康管理情况

单位：家

机构类型	机构数	晨检	午检	全日健康观察	卫生消毒制度	病儿隔离制度	传染病预防和管理制度
幼儿园托班	58	58	56	58	57	57	57
早教机构结合托班	216	214	185	209	215	207	211
家庭式托育	10	10	9	8	10	10	10
社区托育照护	3	3	1	2	2	2	2
妇幼保健院承办机构	2	2	2	2	2	2	2
个体托育机构（无营业执照或登记证书）	2	2	1	2	2	2	2
专业托育机构（有营业执照或登记证书）	81	80	77	79	79	79	78
其他类型机构	6	6	6	6	4	5	5
合计	378	375	337	366	371	364	367

4. 安全管理

从数据中可以发现，有监控的机构占比为 87.40%，投保机构责任险的比例为 80.16%。同时，我们发现，监控录像资料保存 90 日以上的机构占比为 75.60%，能将报警系统连接到公安部门的机构仅占 46.65%，见表 5-33。

表 5-33　安全管理情况

机构类型	机构数	配有生活和活动区域全覆盖的监控报警系统	监控录像资料保存 90 日以上	报警系统直接连接到公安部门	投保机构责任险
幼儿园托班	58	54	44	56	54
早教机构结合托班	211	186	160	79	173
家庭式托育	10	4	3	2	2
社区托育照护	3	3	2	0	2
妇幼保健院承办机构	2	2	2	1	0
个体托育机构（无营业执照或登记证书）	2	2	2	2	2
专业托育机构（有营业执照或登记证书）	81	71	66	32	61
其他类型机构	6	4	3	2	5
合计	373	326	282	174	299

四、结论

第一，深圳市 2018—2020 年，3 岁以下婴幼儿有 72.40 万人。调查结果显示，34.80% 的家庭有托育需求，深圳市需要托育服务的婴幼儿数量为 25.2 万人。然而，2019 年深圳市托育机构数量仅为 380 家，托育供给存在严重不足。同时，根据各区每万名 3 岁以下婴幼儿机构数统计，发现各区机构供给上存在区域差异，最高的每万名机构数有 17.10，最低的仅为 1.47。

第二，现有的托育机构主要分为早教机构结合托班，占比 57.37%；其次是专业托育机构，占比 21.32%；再次是幼儿园托班，占比 15.26%；最后是家庭式托育，占比仅为 2.63%。现有机构以工商登记的营利性机构为主，占比 82.22%。

第三，现有机构收托的婴幼儿平均最小月龄为 19 个月，平均最大月龄为 45 个月。这些机构主要提供全日托和计时托服务，时间主要集中在周一到周五，少量的托育机构提供周末托育服务。服务内容以保教和保育为主，约 1/3 的机构提供照料和看护服务。

第四，自行加工膳食的托育机构占比为 50.97%，选择配送餐饮服务的机构占比为 27.7%，不提供膳食服务的机构占比为 21.33%。

第五，在机构基础设施建设方面，93.09% 的机构场地是租赁的，自有场地和其他形式场地占比为 6.91%。其中，幼儿园的平均使用面积最多，专业托育机构和早教机构结合托班的平均使用面积排第二和第三位，家庭式托育点的场地面积占比最小。50% 的机构设置在首层，其中幼儿园和专业托育机构设置在首层的比例略高。

第六，现有机构基本都提供了用餐区、睡眠区、游戏区、盥洗区、储物区和办公室，而保健室、安保室、厨房、哺乳室和配乳室设置比例较低。

第七，除了幼儿园平均职工人数较高外，其余机构的工作人员总数均在 10 名左右，机构工作人数平均为 16.73 人。各个机构的育婴师、保健员和保育员等专业人员占比较低，占比相对较高的机构有妇幼保健院承办的托育机构，早教机构开办托班和专业托育机构的专业人员占比比其他机构的占比更高。

本章小结

本章通过对深圳托育服务的现状、需求情况、托育机构现状进行调查，得出以下结论：深圳托育服务存在供给量不足、分布不均、以民办为主的现状，且提供的服务同质化严重，基础设施方面存在缺陷，有待进一步改进。

　　深圳市当前托育工作的重点包括以下几点：政策上，要发挥深圳先行示范区的优势，出台相关政策，进一步完善托育服务；机构建设上，应加强示范性婴幼儿照护服务机构的建设；体系建设上，应加强婴幼儿照护服务家庭指导工作，促使家庭重视 0～3 岁婴幼儿的成长，同时，要推进深圳市婴幼儿照护服务机构行业协会的建设。

第六章　深圳市托育服务政策构建

要探索深圳市托育服务政策的发展，需要构建系统的托育服务工程，实现政府、社区、家庭三位一体的托育服务体系构建，为 0～3 岁的婴幼儿提供良好的成长环境及教育氛围，促进"幼有所育"目标的实现。①

第一节　深圳市托育服务政府公共服务制度与体系构建

当前，深圳市正处于热火朝天的粤港澳大湾区和中国特色社会主义先行示范区的建设中，相较于其他地区和城市，广东省及深圳市在托育政策方面起步晚，相应政策和制度也不尽完善。在国家卫健委、各部委及地方政府的大力推动下，为深入贯彻落实《国务院办公厅关于促进 3 岁以下婴幼儿照护服务发展的指导意见》和《中共中央 国务院关于深化学前教育改革的若干意见》的精神，2019 年深圳市委办公厅印发了《关于进一步深化改革促进学前教育普惠优质发展的意见》，深圳市教育局正式印发了《深圳市学前教育发展行动计划（2019—2020 年）》，拉开了深圳市学前教育大调整的序幕。广东省人民政府办公厅于 2020 年也发布了《广东省人民政府办公厅关于促进 3 岁以下婴幼儿照护服务发展的实施意见》，提出："要加强对家庭婴幼儿照护的支持和指导，加大对社区和农村地区婴幼儿照护服务的支持力度，加快发展多种形式的婴幼儿照护服务机构，加强对婴幼儿照护服务机构的管理，完善保障措施等"。2021 年 9 月，《深圳经济特区学前教育条例（草案）》首次提请深圳市人大常委会会议审议，明确要求保障深圳户籍和符合条件的

---

① 新华社."十四五"我国将进一步改善养老、托育服务基础设施条件 [EB/OL].（2021-06-25）[2021-08-15].https：//baijiahao.baidu.com/s？id=17035284726 98513355&wfr=spider&for=pc.

非深户籍 3 周岁到小学前的学前儿童可就近入读普惠性幼儿园。① 这些政策对托育服务的发展无疑起着推动作用。

当前深圳托育服务工作尚处于起步阶段，要构建深圳市托育服务政府公共服务制度，完成托育机构相关体系构建，需要做好以下工作。

一、深圳市政府层面的制度设计

（一）健全 0～3 岁婴幼儿托育服务的政策法规

当前的托育服务机构的主要形式是以市场为主、政府为辅，托育服务处于探索阶段，需要出台规范的政策法规。另外，托育服务的构建是政府应对老龄化、提高人口出生率的重要手段，政府需要制定完整的、健全的法律法规来实现制度设计，更好地使全社会的婴幼儿享有托育服务这种社会公共福利。因此，我国应当加快制定与 0～3 岁婴幼儿托育服务相关的政策，出台相关的法律条文，使之具有权威性、稳定性与严肃性。在制度构建的过程中，政府要充分发挥立法、管理、监督、服务等作用，积极推进托育服务各项工作的开展。

1. 制定托育服务规划、实施细则

托育服务的开展需要具体的法律条文作为纲领性的文件来指导托育服务的发展，深圳市可以根据本市的人口、经济、0～3 岁婴幼儿家庭的需求等制定针对性的政策，提高托育服务的可操作性。

2. 保证托育服务的资金支持

深圳市可以建立本市的专项托育服务资金，用于支持托育服务事业的发展，专项资金面向的是广大托育服务机构，通过财政鼓励的手段促进托育服务机构提供多样化的托育服务，满足托育市场的需求。

3. 按照机构的属性明确各部门的职责

托育服务机构主要有政府主导、市场主导、企事业单位主导三种形式，政府主导主要采取的是"公建民营"的方式，其主管的部门应该是政府及民

---

① 李舒瑜.深圳为学前教育立法保障学前儿童可就近入读普惠性幼儿园 [N].深圳特区报，2021-07-07（A13）.

政部门。① 市场主导的托育服务的性质属于民办非企业单位，应当按照《民办非企业单位登记管理条例》的规定，实行登记管理机关和业务主管单位双重管理的模式，民政局主要负责民办托育机构在内的民办非企业单位的登记管理。企事业单位开设的托育服务机构由企事业单位直接管理。

当前，不同性质的托育服务机构应该明确各部门的职责，促进托育服务相关法律法规的制定，加快建设托育服务机构的进度，建立托育服务机构的准入机制。建议政府加强0～3岁婴幼儿托育服务模式的规范化与专业化，通过制定相关政策建立强大的政策保障机制，促进托育服务朝着良性的方向发展，满足当地家庭的需求。从国家政策来看，托育政策上升到国家战略部署上，将大大推进人口生育相关配套设施的发展，进一步促进托育服务的发展。从短期来看，托育服务是为了响应全面三胎政策，为广大家庭解决托育方面的困难，鼓励生育；从长远来看，托育服务发展的水平越高，就越能促进0～3岁婴幼儿各项能力的发展，为社会的建设提供强大的动力、奠定坚实的基础。

（二）加大对托育服务经费的投入

托育事业要实现稳健、快速的发展离不开财政支持，这是建设托育服务基础设施、构建托育服务专业队伍及稳步推进托育服务的前提。同时，建议政府积极鼓励社会力量投入托育服务事业的构建中，全力支持儿童早期发展。

（三）制定托育服务的顶层设计

与托育服务相关的顶层设计，需要国家相关部门（教育局、计生部门等）的通力配合，各部门要各司其职，充分发挥各自的职能，推进托育工作的开展。② 需要在全社会范围内营造托育服务对婴幼儿成长极其重要的氛围，促进托育服务质量的进一步提升。建议政府积极主动地构建早期的托育服务一体化，加强托育服务的顶层设计，同时搭建与各部门交流的平台，提高各部门在托育服务工作中的效率，促进托育服务快速且高质量的发展。

---

① 杨雪燕，井文，王洒洒，等 . 0～3岁托育服务模式评估与发展建议 [N]. 中国妇女报，2018-06-05（005）.

② 央视新闻客户端 . 国家卫健委：将把托育服务作为重点来抓 [EB/OL]. (2021-07-21) [2021-08-15].https://baijiahao.baidu.com/s?id=1705867565303472572&wfr=spider&for=pc.

政府应当从思想上、行动上对托育服务进行长期的规划。对于区域性的托育服务，政府要结合当地发展的情况，联合社会各界的力量发展托育服务事业，要构建一支具有全国性质的专业专家队伍，从心理学、教育学、宣传、督导、管理等方面对托育服务机构进行指导，确保托育政策的全面实行，提升托育服务的质量，更好地为婴幼儿的身心发展提供保障。

（四）利用特区立法制度，探索税收优惠制度，延长托育时间或产假

政府应对托育机构，尤其是小型机构提供一些补贴、贷款、减税等方面的支持，降低其运营成本。

建议政府制定和完善相关家庭政策，比如增加父母育儿假并保证其休假后能够重返原工作岗位或同级别的工作岗位，让愿意亲自照顾0～3岁婴幼儿的母亲有时间和精力提供高质量的照护。

二、深圳市托育服务体系的构建

要构建多元化、整体性的托育公共服务体系，首先要在数量上满足当代社会广大家庭的托育服务需求，同时要不断提升托育服务的质量，推动托育服务朝着国际化发展。从横向看，托育服务要实现的目标是幼有所育；从纵向上看，是为了提升广大家庭的托育满意度。在托育服务体系构建过程中，政府可以不断开发多元化、灵活的婴幼儿保育模式，提升家庭、社区、企业、托儿所、托育机构等主体的服务能力，通过财政支持、减免税收、提供服务场地等多样化的形式促进托育服务的发展，真正为多数家庭提供放心的、高品质的托育服务。

建立由深圳市卫健委牵头、多部门联动的工作机制。在明确0～3岁婴幼儿托育范围、固定相关项目的基础上，进一步明确各级政府行业部门及职能部门的管理与职责。基层政府（街道、居委会、社区等）应将0～3岁婴幼儿的托育服务纳入自己的工作范围；将托育服务列为社区服务内容，给予人力、物力的支持；将托育服务（包括服务内容、服务场地等）纳入文明社区创建的考核指标，促进托育服务落到实处；要求社区免费开放已有的托育资源，扩大托育服务共享范围。基层政府还应协调教育部等行政部门研究0～3岁婴幼儿托育服务质量标准，建立托育服务工作评估督导制度，如制定托育指导覆盖率、家长满意度、社区托育服务质量评价指标等，进一步规范托育服务市场，保障0～3岁婴幼儿家庭的切身利益，促进托育事业健康有序的发展。

（一）构建托育服务标准，促进专业托育师资的培养

政府需要大力发展托育服务的师资队伍，0～3 岁婴幼儿需要专业的保育人员，而目前保育人员相关的专业标准没有明确的规定，需要制定专业标准，对保育人员进行资格认定。另外，已经从事托育服务相关工作的人员，要定期进行职后培训，不断提高自身的专业素养及专业能力。

托育师资的队伍建设需要依托高校专业的建立，因此应促进托育服务专业人才的培养。高等师范院校可以建立 0～3 岁婴幼儿托育及养育方面的专业，培养专业的婴幼儿托育服务师范生，向社会输送合格的托育专业的人才。同时，区域可以与高校建立长期稳定的合作关系，在校学生可以利用自身的专业优势，积极投身托育事业，用专业的知识与技能促进 0～3 岁婴幼儿的全面发展，推动托育服务朝着高水平方向发展。高校可以与托育机构合作建立托育实习基地，鼓励在校学生到托育机构实习，实现理论与实践相结合。完善托育人员的考核制度也是加强师资力量的重要手段，要重点促进托育师资"质"的提升，实现对托育人员的再教育。

（二）加强托育服务机构的动态监控与评价

建议深圳市建立动态监控与评价机制，进一步加强托育服务机构的规范化管理，对托育服务的时间进行实时动态监控与评价，促进托育服务朝着有序、规范的方向发展。

目前，多个国家与区域已经建立托育服务机构的质量评估机制，建议深圳市建立问责、干预、支持的政策，提高信息的公开性，进一步规范托育服务相关内容。国际经济合作组织规定，早期的教育要创建教育规范，这些规范涉及婴幼儿、学前教育、小学时期，规范应适用于公立机构与私立机构，我国台湾地区也实施了托婴中心评鉴计划，其目的是推动托育服务高质量的发展。

另外，深圳目前开展的"深圳市托育服务可视化平台"建设[①]，希望借助大数据整合深圳市的基础人口、幼儿分布、家庭结构、消费能力等信息，实现深圳市托育服务机构的动态监测，促进托育机构在空间上的合理布局，

---

① 深圳市卫生健康发展研究和数据管理中心. 市健研中心召开深圳市托育服务可视化平台建设项目汇报会 [EB/OL].（2020-09-08）[2021-08-15].http://wjw.sz.gov.cn/jyzx/xxgk/gzdt/content/post_8067485.html.

引导政府及社会力量优化托育资源的分配。

目前，我国的托育评价主要有资格审批制度及托幼评级制度，资质审批主要关注的是硬件设施及经费，对过程及结果不够重视；托幼评级制度主要针对的是 3～6 岁的幼儿园，较少运用于 0～3 岁婴幼儿早期教育中心。因此，目前的质量评估体系无法客观、公正、全面地评估托育服务的质量，当下托育服务需要制定出质量评估的具体规定，创设一个适合婴幼儿身心发展、家长满意的评价体系。

（三）建立共享资源系统，实现多领域的支持体系构建

托育服务的发展需要在政府统筹下建立法律法规，引导社会各界力量来推动托育事业的发展，同时集合多领域的专业力量构建专家支持系统，通过管理实施、科学规划、力量聚集、质量提升等方式实现托育服务的提升。

托育服务构建的主导者是政府，政府需要发挥政府职能，领导开展多样化的早期教育，促进托育服务的发展。政府拥有为人民群众提供均等的服务和提供政策支持的双重职能，可以促进托育服务政策为全民共享和"幼有所育"的实现。政府可以引导社会力量对托育服务提供支持，真正解决当代家庭面临的养育难题，可以通过多方组织的联合、多领域的专家系统的建立积极实践托育服务工作，不断挖掘 0～3 岁儿童的潜能，宣传积极的托育理念，与世界接轨，发展国际化高水平的托育服务。

在发展托育服务的过程中，要促进各部门资源的充分利用。每个部门都有着不可替代的作用，各职能的充分发挥为发展托育服务奠定了基础。对于深圳市托育服务的发展，需要加强部门与部门之间的联动，促进资源的合理配置，在互动中形成纵横交错的托育服务网络，在全社会范围内形成共享的资源网络框架，以多元化的形式共同支持托育事业的发展。

第二节　深圳市托育服务机构行业统筹发展

儿童的早期教育离不开托育服务的发展，托育服务机构的数量及质量直接影响着托育服务的效果和 0～3 岁婴幼儿的健康成长。因此，托育服务需要以政府为主导，发展多元化的托育服务，促进婴幼儿的健康成长。

根据《深圳市人民政府办公厅关于印发促进 3 岁以下婴幼儿照护服务发展实施方案（2020—2025 年）的通知》的要求，坚持"以家庭为主、托育

补充，政策引导、普惠优先，安全健康、科学规范，属地管理、分类指导"的基本原则，充分发挥政府的引导作用，将婴幼儿照护服务纳入经济社会发展规划，建立健全促进婴幼儿照护服务发展的政策法规、标准规范、服务供给和监督管理体系，基本形成管理规范、主体多元、布局合理、服务优质的婴幼儿照护服务体系，使婴幼儿照护服务水平得到明显提升，逐步满足人民群众对婴幼儿照护服务的需求。[①]

建议深圳市借鉴国际经验，考虑将 0～3 岁婴幼儿托育服务纳入基本公共服务体系，着力打造政府引导、市场驱动、保障基本、类型多样、统筹发展的托育服务发展格局，提供多形式、多类型、灵活多样的普惠性托育服务。

一、《深圳市托育机构设置指南》及"三步走"策略

（一）《深圳市托育机构设置指南》

2021 年，深圳市卫生健康委员会颁布了《深圳市托育机构设置指南》（以下简称《指南》），对 0～3 岁婴幼儿提供全日托、半日托、计时托、临时托等托育服务的机构进行了规定。具体内容参见附录四。

1. 托育机构的设置要求

根据区域经济的发展现状、发展特色等进行科学、合理的规划。在城市布局上，采取多样化的托育形式以满足不同家庭的托育需求，机构的建设需要在参照基本法律法规的基础上建设符合婴幼儿身心健康发展的要求，做到功能完善、配置合理、绿色环保。

2. 场地设施

托育机构的选址应该符合国家的相关规定，机构应该建立在地理位置好、环境适宜、空气流通的区域，为婴幼儿的成长提供良好的环境。班级数量在 7 个以上的托育机构需要独立设置，6 个班以下的可以与居住、养老、教育等机构合建，但需要设立专门出入的通道，保障婴幼儿能从通道中快速出入。

---

① 深圳市南山区人民政府办公室关于印发南山区促进 3 岁以下婴幼儿照护服务发展实施方案（2020—2025 年）的通知 [A/OL]．（2020-04-22）[2021-08-15].http：//www.sz.gov.cn/gkmlpt/content/7/7787/post_7787294.html#20044.

3. 人员规模

根据《指南》规定，托育服务机构负责人的学历应该为大专及以上，需要具有 3 年级以上的儿童保育教育、卫生健康等相关管理工作经历，并且经托育机构负责人岗位培训合格后才能从事托育服务工作。托育服务人员应当具有婴幼儿照护经验或相关的专业背景，受过婴幼儿保育相关培训和心理健康知识的培训。托育机构的规模不得超过 10 个班，根据婴幼儿的年龄可设置四个班型。①

乳儿班（6～12 个月），人数不得超过 10 人，与保育人员的比例为 3∶1。

托小班（12～24 个月），人数不得超过 15 人，与保育人员的比例为 5∶1。

托大班（24～36 个月），人数不超过 20 人，与保育人员的比例为 7∶1.

混龄班（18～36 个月），人数不超过 18 人，与保育人员的比例为 6∶1。

（二）深圳市托育服务"三步走"战略

2020 年，深圳市颁布了《深圳市促进 3 岁以下婴幼儿照护服务发展实施方案（2020—2025 年）》（以下简称《实施方案》），进一步明确了 2020—2025 年的托育服务内容。

"到 2020 年，深圳市各区包括新区、深汕特别合作区，至少建成 1 家质量有保障、价格合理、方便的具有示范效应的普惠性托育机构，主要在幼儿园开展托幼服务一体化的工作。

到 2022 年，深圳市计划在每个街道至少建成一家具有示范性质的普惠性托育机构，每个街道至少有 1 家幼儿园开设托班。

到 2025 年，实现每个社区均有提供全日托、半日托、计时托、临时托等婴幼儿托育服务的机构。实现全市的托育服务一体化的幼儿园达到 200 家以上，每千人口托位数达 4 个，婴幼儿家庭接受科学育儿指导率达 95%，婴幼儿健康管理率达 95%。"②

---

① 深圳市卫生健康委员会.深圳市卫生健康委关于印发深圳市托育机构设置指南的通知[A/OL].（2021-04-22）[2021-08-15].http://wjw.sz.gov.cn/gsgg/content/post_8714768.html.

② 央广网.解决"托育难"深圳今年出实招[EB/OL].（2020-04-29）[2021-08-15].https://baijiahao.baidu.com/s？id=1665276818048471007&wfr=spider&for=pc.

二、建设多元化的托育服务机构

（一）增加幼儿园托班数量，优先发展和重点解决 2～3 岁幼儿的托育问题

调研发现，广大家庭对 2～3 岁幼儿的托育需求最为强烈，招收 2～3 岁幼儿的幼儿园托班最受家长欢迎。从招生情况看，2～3 岁幼儿也是各类托育机构的主要招生对象。考虑到场地、设施、师资、管理等方面的投入，若想在短期内提高相关机构的 0～3 岁婴幼儿托育服务能力，最经济、最直接的办法就是优先解决 2～3 岁幼儿的托育问题。

幼儿园可以根据自身条件开办一定数量的托班，家长可以根据自身情况决定孩子是否入托。许多家长选择幼儿园托班，是因为幼儿园在场地、设施、人员、管理规范等方面具有优势，更容易获得家长的认可和信任。另外，孩子在幼儿园上托班可以提前熟悉环境，缓解 3 岁入园时的不适感。考虑幼儿园开设托班需要配备更多的人力、物力，建议深圳市政府给予幼儿园一定的政策扶持和资金支持。

（二）引导和促进民营托育机构的发展

托育服务虽然是一项公益性事业，但是不管是在发达国家还是在发展中国家，公办的托育机构都只能满足一部分人的托育需要，不能为更广大的 0～3 岁婴幼儿及其家庭服务，因此民营的托育机构有其存在的必要，能够弥补公立托育机构的不足。目前，托育机构多以商业企业的名义在工商局注册登记，实行纯企业化运作模式。民营托育机构不仅需要政府监管，还需要政府支持和指导。

目前，深圳市新添了两家普惠性托育园——深业幸福家 U 中心托育园、深业幸福家鹿鸣园托育园，这两家托育园是由深圳市人民政府全资拥有、深圳市国资委直管企业深业集团有限公司打造的两家普惠性托育园。深业幸福家 U 中心托育园集医、康、养、托于一体，服务产业、服务园区、服务社区，深业幸福家鹿鸣园托育园服务社区，两家园区均由国内一流设计团队设计，由一流的团队进行运营，与北京师范大学、华东师范大学等著名高校建立了战略合作关系。同时，借鉴日本、澳门特别行政区、香港特别行政区、中国台湾等国家和地区的先进托育经验，建立深圳市托育的设计、运营和保

教体系。①

2021 年 3 月，深圳市已经通过备案的有代表性的民营托育服务机构共 16 家，如表 6-1。②

表 6-1 深圳市具有代表性的民营托育服务机构

辖区	托育服务机构
罗湖区	深圳市金瓜豆托育服务有限公司
	深圳市罗湖区金紫荆托育服务有限公司
福田区	深圳市森德托育服务有限公司
	深圳市哈巴谷教育管理有限公司东海中心
	深圳市乐学乐园儿童教育有限公司
盐田区	深圳市玉米池艺术文化传播有限公司倚山花园分公司
南山区	深圳市菲司迪托育服务有限公司
	芽咪（深圳）托育服务有限公司
龙岗区	深圳市婴乐佳托育服务有限公司
	深圳市忻悦碧湖托育服务有限公司
	深圳市乐童蒙特梭利托育服务有限公司
龙华区	深圳市深德爱幼托育园
	深圳纽诺托育服务有限公司
	深圳市真爱幼幼幼儿早期托育教育有限公司七里香榭分公司
光明区	深圳市明之星教育科技有限公司
大鹏新区	深圳佳诺托育有限公司

① 中国日报网.深圳新添两家普惠托育园建设民生幸福标杆城市[EB/OL].（2020-12-31)[2021-08-15].https://baijiahao.baidu.com/s？id=1687589478639948267&wfr=spider&for=pc.

② 深圳新闻网.@深圳家长们，家中3岁以下娃放心托！这16家托育机构通过备案[EB/OL].（2021-03-20)[2021-08-15].https://m.thepaper.cn/baijiahao_11805443.

（三）鼓励和支持非机构托育，减轻机构托育压力

完全依托机构开展托育工作可能不太现实。事实上，很多国家在解决托育问题时，选择通过给家庭抚养补贴来保障家庭看护的经济需求，使父母有可能适度调整工作强度以参与早期看护。一些家长因为不放心把孩子交给别人带，更倾向于亲子看护或父辈照顾；一些拥有非正式照料资源的家庭可能不愿将孩子送到托幼机构，而愿意选择居家照护。家庭照看在客观上分担了社会托育责任，减轻了托育机构的负担，节约了社会照料资源，因此政府可以对提供照料服务的祖辈、亲属以及保姆给予一定的补偿，提升 0～3 岁婴幼儿家庭照料的积极性。

三、新建小区的配套托育机构建设

在新建居住区规划、建设与常住人口规模相适应的婴幼儿照护服务机构，实现新建小区的配套托育机构规模的进一步扩大。[①] 另外，一些老城区通过各种各样的手段促进托育机构的建设，加快托育服务的发展。深圳市政府鼓励幼儿园开设托班，利用现有资源通过扩建、新建、改建等方式，增加 2～3 岁幼儿的托班数量，增加入托的人数，促进广大家庭共享托育。深圳市还建议适龄子女较多的单位为职工建立婴幼儿照护服务中心。

不仅如此，深圳市还开发了政策红包。首先，对于普惠性的托育服务机构，政府制定了财政补贴政策，在人口密集的国有营业场地上，托育机构可以优先以低价租到场地，但规定托育服务营业场地的租赁期至少是 3 年。其次，深圳市也对托育机构实行了减税政策，不同的托育机构以不同的形式享受各种税款减免政策，在财政上以较大的力度支持托育服务的发展。

在托育机构硬件设施的配备上，深圳市要求市内的高等院校或职业院校开设与婴幼儿相关的专业，促进托育服务人才的培养，规定将婴幼儿服务相关人才作为紧缺人员进行培训，并开展了"南粤家政"的技能培训活动，规定了职业技能等级的范围，包括育婴师、保育员及相关的婴幼儿从业人员，为婴幼儿托育服务提供人才保障。

---

① 凤凰新闻客户端.深圳今年起重点解决"托育难"新建小区需配套托育机构[EB/OL].（2020-04-29）[2021-08-15].http://www.sz.gov.cn/szzt2010/yqfk2020/szzxd/content/post_7262503.html.

四、利用现有资源，促进 0 ～ 3 岁婴幼儿的全面发展

（一）加大对 0 ～ 3 岁婴幼儿的托育服务供给

建议增加 0 ～ 3 岁婴幼儿托育机构的数量，明确将 0 ～ 3 岁婴幼儿托育服务和托育机构建设纳入深圳市新建社区的规划，将其作为社区服务和基础设施建设的重要组成部分。托儿所建设经费和培训各类园所保教人员、医务人员等专项经费，分别由教育、卫生事业费开支，各级财政部门在确定教育、卫生事业费年度指标时，要予以安排。托幼工作办公室的开办费和事业费，由各级财政部门列专项开支。同时，对一些有条件的民办幼儿园或市场上的早教机构，也应给予资金上的支持，帮助这些幼儿园或早教机构尽快承担起托幼服务的职责。

（二）积极开展科学育儿活动

家庭婴幼儿的照顾也是托育事业发展的重要部分，对此深圳市加快开展社区的科学育儿活动，并且规定每个社区每年应举办不少于 6 次的科学育儿活动。① 对育龄妇女的产假、哺乳假、配偶的陪产假等政策密切关注，鼓励用人单位采取灵活工作时间、工作时长、远程办公等措施为婴幼儿家庭提供更多的亲子时间，形成良好的照护环境。

深圳市还加快了公共设施的建设，建立了母婴室、无障碍设施、爱心妈妈小屋等，为出行的婴幼儿提供良好的哺乳环境。

在准父母的培养上，深圳市不断完善对家庭科学育儿的指导，通过建立各种示范性的儿童早期发展科学育儿指导中心，组建市级、区级的儿童早期专业指导团队，通过多样化的方式对准父母进行指导，促进其学习科学育儿知识。深圳市还为婴幼儿的家庭提供新生儿访视、婴幼儿早期健康管理、疾病筛查、膳食营养、生长发育等服务，从而促进婴幼儿健康成长。

---

① 晶报.让深圳爸妈"生得起，养得好"！五年内每个社区均需有托幼机构 [EB/OL].（2020-04-29）[2021-08-15].https：//baijiahao.baidu.com/s？id=166532677245 9895533&wfr=spider&for=pc.

第三节　深圳市托育服务社区化模式构建

早期教育服务以社区的托育服务为代表，发展社区托育服务具有积极意义，是建设小康社会的需要，同时也是提高人口素质及实现社会转型的必要项目。

社区是社会的细胞，无数的社区组成有机运作的社会整体，同时社区对人们来说是赖以生存的环境。1887年，德国的社会学家滕尼斯提出了社区的概念，他指出社区是生活在一定的地域范围内的人们通过聚集的方式形成的一种社会生活共同体。婴幼儿是社区的一部分，婴幼儿的教育工作同时也是社区建设的一项重要内容，社区的学前教育主要针对的是0～6岁的婴幼儿，它是以家庭教育为基础、以社区为依托的区域性教育，通过学习教育来实现托育的目的。①

国家逐步重视学前教育，将学前教育的范围从3～6岁扩展到0～6岁，积极推进0～3岁婴幼儿的托育服务，加快其与3～6岁儿童教育的衔接，推动0～6岁学前儿童的全面发展。参考国际上的托育社区化的设置模式，深圳市的托育服务可以从以下几个方面进行思考。

一、构建托育服务社区化模式，规范社区托育服务标准

托育服务需要朝着规范化的方向发展，建立规范化的托育服务行业标准，推动托育服务高质量发展。深圳市的托育发展需要制定符合婴幼儿身心发展规律的规范，要对托育服务的场地、空间及硬件设施标准进行规范，社区内托育服务的构建需要符合一定的标准，为婴幼儿的成长提供舒适的环境。

二、发挥多样化的形式，满足不同的托育需求

将社区内的各种有利资源充分运用到托育服务上，使良好的社区文化氛围为构建良好的托育环境提供文化发展空间。社区式的托育服务是目前全世界托育服务发展的主流，因此发展社区式的托育服务符合托育发展的需求，可以将有利资源运用到各年龄阶段的婴幼儿身上，还可以加强对弱势群

---

① 尹保华.社会学概论[M].北京：知识产权出版社，2018：229.

体家庭的关注，给予其一定的教育补助。发展多样化的社区化托育，特别强调社区托育服务的全纳性。全纳性指的是以社区为依托，将家庭与社区的保育、教育等相关的资源进行整合，除了为家庭解决婴幼儿的看护问题外，还对婴幼儿进行早期的教育，协助家庭进行教养，促进婴幼儿的健康发展。同时，社区托育服务还为父母提供各种各样的育儿支持服务，指导父母在家庭生活中科学育儿，使家庭育儿理念保持一致，这类服务主要包括讲座、家访、健康服务等。社区化的托育服务机构能充分利用社区中的各种丰富的资源，打造良好的早期教育文化与环境氛围，对促进托育服务的发展具有积极意义。

三、尊重个性化发展，提供针对性服务

社区化托育服务的亮点还表现在充分尊重婴幼儿的个性化发展上，在服务的可选择性、服务内容的针对性、服务的易获得性上表现突出。

（一）服务的可选择性

社区化托育服务机构的内容及形式是多种多样的，家长可以根据自己的托育需求来选择适合自身的托育服务，这样给家庭带来了极大的方便。家庭可以让孩子尝试不同形式的托育服务，最终找到最适合婴幼儿的托育服务。

（二）服务内容的针对性

家庭在婴幼儿不同的发展阶段的需求是不同的，不同国家、地区、城市面临的托育需求也存在巨大的差异，社区式的托育服务可以根据家庭的动态托育需求来及时调整托育内容，使托育服务具有针对性。

（三）服务的易获得性

易获得性体现了公平性，主要表现在社区化托育服务可以得到政府的财政支持，有些地方还有当地政府的财政补贴，如深圳市在托育方面就有相关的补贴政策，通过设置一些专项的托育服务经费，为一些有困难的家庭提供免费的托育服务，或是提供入托补助，让社区内的婴幼儿都能享有托育服务的福利。另外，托育服务的时间与形式也存在着不同，家庭可以选择全日制、半日制、小时托等形式，根据家庭的具体情况选择托育服务时间，从根本上解决家庭"无人照看"婴幼儿的问题。

四、托育服务的其他措施

围绕0～3岁婴幼儿的发展目标，需要整合各方资源，促进资源之间的高效配置，构建由深圳市政府指导、社会参与、社区与家庭协同推进的"PPP"模式，促进婴幼儿身心健康、全面发展。现在大部分家庭的婴幼儿都是父辈在养育，社区托育服务的设立方便父辈接送孩子，实现了便民化。社区还可以提供多样化的服务，如免费的公益服务、养育人教育服务、家庭指导服务、定制化服务等，极大地促进了婴幼儿的全面发展。

设立"1+1+N"的模式，即深圳市、区、社区的模式构建，实现该区域内教师资源的共享，建立早期的婴幼儿发展服务体系，指导一个区级中心、一个街道中心或N个社区构建网络服务模式。[①]另外，深圳市还可以与当地的高校合作，使高校根据实际需要输出托育服务人才，对托育人员进行培训，构建科学的人才评价体系，促进托育人员的专业化发展。

深圳市还可以参考国际上对0～3岁婴幼儿的社区指导服务，制定社区化的制度、历程、体系、机制等方面的评估标准，先形成社区示范点，再以此为基础在全市范围内推广。

第四节 深圳市家庭式共享托育发展

家庭式托育属于家庭公共服务的范畴，家庭公共服务指的是政府为了方便大众的生存与发展的需要，通过公权力、公共资源向社会各个家庭提供直接或间接的产品及服务。与机构式的托育相比，家庭式托育有着独特的优点，它是基于"邻里照顾、全村共养"的模式发展而来的。[②]家庭式托育能为婴幼儿提供一个相对熟悉、温暖的环境，使婴幼儿有稳定的依附对象，同时家庭式托育招收的对象少，婴幼儿能受到较多的关注，托育人员能及时发现婴幼儿性格的变化并及时调整教养策略。0～3岁的婴幼儿正处在生长发育的关键时期，需要对其自理能力进行培养，所以个性化的照料与母爱般的

---

① 国务院妇女儿童工作委员会.深圳市级妇女儿童之家正式启用，采取"1+10+N"模式进行运营[EB/OL].（2018-07-03）[2021-08-15].http://www.nwccw.gov.cn/2018-07/03/content_213045.htm.

② 国家卫生健康委流动人口服务中心课题组.家庭式托育：现状、规制困境与政策建议——基于北京市"民居园"的调研[J].社会治理，2021（04）：52.

关怀是必不可少的，家庭式托育恰好满足了这点。家庭式托育的时间比较灵活，其直接开在社区里，大大方便了父母接送孩子，另外家庭式托育具有持续性，收费也处于稳定的状态，因此年轻的父母更加偏向于选择家庭式托育。

家庭式托育在许多国家的早期托育服务中占较大的比重，目前深圳市正在大力发展家庭式托育服务，可以进一步扩展深圳市的托育服务类别，构建托育服务体系。

一、家庭式托育的分类

目前，家庭式托育主要分为家庭内照顾与家庭外照顾，其中家庭内照顾分为家人照看、亲戚朋友照看、保姆照看；家庭外照顾又可以分为家庭型保育中心、机构型保育中心。按照不同的划分标准，家庭型保育中心托育还可以划分为两种，一种是具备资质的托育服务人员在自己家看护孩子，最多可以看护 6 个，被称为"家托"；另一种是家庭团队保育，其特点是除了一个专门的保育人员外，还有助手，通过团队协作的方式来开展托育服务，一般可以接收 7～12 个婴幼儿，也被称为"集体家托或大型家托"。①

集中型托育机构的主要模式是在白天或晚上为婴幼儿提供家庭以外的保育，保育机构的规模可大可小，服务人员的数量取决于保育机构的规模，规模越大，配备的服务人员越多，受托的对象也越多。一般规模的集中型托育机构至少配备 2 名服务人员，不同年龄阶段的婴幼儿需要配备的人员数量也不同。

目前，我国的家庭式托育的主要形式是"民居园"，即在私人家庭开设，以北京为例，这类家庭式托育服务具有托儿所的功能，一般设置在小区内，属于私营机构，有的亲自参与托育服务，有的则聘请专门的托育服务人员从事婴幼儿照看工作。这类家庭式托育在北京是最为常见的，人数一般在 10～40 人，普遍高于国外家庭式托育的人数，其场所的性质、组织性质都具备家庭式托育的特征。

二、家庭式托育的发展趋势

随着三胎政策的全面放开，我国的托育服务事业迎来了大发展，但同时

① 国家卫生健康委流动人口服务中心课题组．家庭式托育：现状、规制困境与政策建议——基于北京市"民居园"的调研[J]．社会治理，2021（04）：52．

我国托育服务目前处于失衡状态，需要国家大力开展多种形式的托育服务来解决家庭照看困难的问题。2020 年 12 月，国务院颁布了《国务院办公厅关于促进养老托育服务健康发展的意见》①（以下简称《意见》），《意见》对家庭托育点的设置及规范做了进一步的规定，推动了家庭式托育服务的发展与壮大，为多元化托育服务的构建奠定了基础。《意见》强调通过发展"幼有所育"实现我国婴幼儿的全面发展，家庭式托育具有独特的优点，其发展可以大大缓解父母的养育压力，增加托育服务供给，完善托育服务体系。

家庭式托育因其嵌入社区、就近便利、时间灵活、情感紧密、照顾持续、成本较低等优势，具有较大的发展空间，深圳市在发展早期的托育服务时可以大力发展家庭式托育服务，将家庭式托育机构与社区托育机构联合起来，在社区内为婴幼儿营造一个良好的成长环境。家庭式托育可以引入先进的婴幼儿教育理念，科学育儿，促进社区婴幼儿的全面发展。同时，以社区为细胞，串联起各大社区的托育服务，解决家庭养育困难的问题，增强居民的幸福感。

当前，家庭式托育服务的发展主要有以下三大趋势。②

（一）家庭式托育的社区化发展

通过国外发达国家的家庭式托育服务模式及国内现有的家庭式托育模式可以看出，家庭式托育服务机构主要设置在社区内，方便家长接送孩子，并且能让 0～3 岁的婴幼儿得到悉心的照看，因此社区成为 0～3 岁家庭式托育的首选。将家庭式托育服务设置在社区内具有较大的优势，一方面，因为社区是家庭居住、生活的环境，文化、背景都有相似之处，所以家庭所需要的服务也大同小异，提供服务时更具针对性；另一方面，家庭托育服务主要基于邻里之间互帮互助的模式，有利于实现家庭看护与教育的融合，对婴幼儿的教育有着潜移默化的推动作用，同时家庭式托育还能帮助更多的失业人员再就业，进一步促进了社会的公平。

---

① 中华人民共和国中央人民政府.国务院办公厅关于促进养老托育服务健康发展的意见［国办发（2020）52 号］[A/OL].（2020-12-31）[2021-08-15].http：//www.gov.cn/zhengce/content/2020-12/31/content_5575804.htm.

② 王红珠.发展宁波家庭式托育服务的国际借鉴及对策思考[J].宁波经济（三江论坛），2021（02）：43.

（二）家庭式托育的微型化发展

微型化主要体现在家庭式托育服务能提供具有针对性、个性化的服务，目前大多数的年轻家长更倾向于一对一、一对二的托育模式，希望孩子被特殊照料，所以需要的服务也不仅是最基本的看护，他们更加注重婴幼儿个性的成长。婴幼儿在人数较少的托育环境中，可以与托育人员建立起长期稳定的关系，实现持续性照料，这对婴幼儿的成长来说非常重要，这些是婴幼儿获得安全感的基础。因此，如何为团体中的婴幼儿提供可回应和持续性的照料，使婴幼儿和照料人之间建立紧密的关系，以满足婴幼儿安全感发展的需要，是当前高品质托育服务考虑的核心议题。研究表明，班级规模的大小会影响婴幼儿的安全感，当班级规模比较小时，婴幼儿很容易认识与他们共享空间的人；当班级规模太大时，婴幼儿会因为需要与更多人分享空间、玩具，而备感压力。

另外，小规模托育服务可以使婴幼儿、家长和主要照护教师之间形成信任关系，也能降低婴幼儿患病的风险，减少婴幼儿得传染病的机会。基于这些结论，一些规模较大的托育机构也被要求划分为多个稳定的婴幼儿小集体进行服务。

（三）家庭式托育的多样化发展

随着时代的发展，家庭托育需求不断发生变化，托育服务的要求也变得多样化，产生了各种各样的托育形式，如家庭式日托、社区游戏小组、家长合作团体、母子俱乐部、玩具图书馆、幼儿护理中心、流动教学车等，这些托育形式适合当前家庭托育的需要。家庭式托育具有较高的灵活性，同时个性化的服务为婴幼儿的健康成长提供了保障，为深圳市政府构建多样化的托幼公共服务提供了参考经验。

三、家庭式托育符合促进托育发展的原则

（一）补充性原则

家庭式托育首先是作为家庭照护婴幼儿补充性的功能存在的，家庭式托育服务是在家庭无法照看孩子的情况下提供替代性的服务，一些家庭式托育机构建立的初衷，是托育人员希望自己的孩子能在家庭式的环境中受到悉心

地照顾，在看护的过程中，也开始照看有同样需求的其他家庭的婴幼儿。[①] 因此，家庭式托育更多的是遵循 0～3 岁婴幼儿身心发展的规律，注重与婴幼儿建立亲密的关系，其商业性质较少，不会较多地考虑利润、规模及市场占有率，而是作为家庭的补充性功能存在。

（二）普惠性原则

家庭式托育一般设在社区个体的家中，因此大大减少了托育环境成本，所以在同品质的服务中，家庭式托育服务价格更低。有的家庭式托育还有独立的庭院，其硬件投资也没有过高的要求，建在社区内还能利用社区的环境、儿童设施、社区图书馆等各种资源，极大地降低了成本。

另外，家庭式托育对于一些低收入的社区居民来说门槛很低，让低收入家庭也能享受到托育服务。家庭式托育还可以根据社区整体的经济水平和文化程度，灵活调整托育服务的内容和价格，提供不同层次的托育服务，因此更能实现普惠性，家长也能在可接受的范围内让子女享受更高质量的托育服务。

（三）安全性原则

家庭式托育一般分布在社区内，极大降低了接送途中发生安全隐患的风险。与老人或保姆看护相比，家庭式托育更具团队照护的特征，减少了单独看护者因劳累或监管不足对婴幼儿造成伤害的情况。同时，家庭式托育还能促进婴幼儿更好地融入集体，培养集体意识。

此外，家庭式托育往往根据孩子的需要来创设物理环境，让孩子更容易形成学习的习惯，孩子在家庭式托育环境下，安全系数与舒适度更高。

四、深圳市促进家庭式托育发展的建议

（一）了解现状需求，明确发展目标

深圳市在制定政策时要结合本地托育现状，真正解决实际的问题，解决家庭养育困难的问题，以需求为导向来制定相应的政策。2020 年，国务院的《意见》中提出了要"建立家庭托育点顶级备案制度，研究出台家庭托育

---

① 矫佳凝. 城市家庭婴儿托育服务模式与品质的需求研究 [D]. 沈阳：沈阳师范大学，2019.

点管理办法，明确登记管理、人员资质、服务规模、监督管理等制度规范，鼓励开展互助式服务"。家庭式的托育服务满足了人们的现实需求，解决了广大家庭的养育难题，依托社区的资源不断优化与整合，在费用上满足了绝大多数家庭的需要，还能使家长放心地将幼儿托付给托育人员照顾。

深圳市在大力发展家庭式托育之前，要充分开展前期调研，了解各区、各社区的基本托育需求，促进家庭实际的养育难题得到解决，需要了解我国家庭式托育需求侧与供给侧的现实状况，制定与之相匹配的法律政策。需求导向是政策制定的出发点，深圳市家庭式托育政策可以首先参考国外的托育发展模式，循序渐进地办理托育机构。在长期的战略规划上，要不断地提升家庭式托育的服务质量，优化托育服务幼儿的数量，通过整合社区可利用的各种资源，为家庭式托育服务创造良好的环境，为建立高质量、多元化的托育服务体系奠定基础。

（二）设置家庭式托育的规范标准

托育服务最基本的任务是为婴幼儿提供安全舒适的环境，因此托育服务的安全问题需要在相关的公共服务部门的监管下不断强化，要遵守法律规定，符合设置托育服务机构的标准。

目前，深圳市家庭式托育服务的设置标准、管理规范、质量评价指标等需要明确指出，这些是建立家庭式托育服务的依据，能引导家庭式托育服务朝着正确的方向前进。在制定注册管理体制时，应当充分考虑到家庭式托育的特殊性，家庭式托育具有规模小的特点，需要制定灵活的托育标准，在规模、空间、人员设置上有一定的"硬指标"，同时还要注重家庭式托育机构的质量问题，加快家庭式托育服务质量的提升，实现硬件环境与软件服务的双重提升。

（三）"战略性模糊"① 促进家庭式托育市场的开拓

"十四五"规划及 2035 年远景目标中都明确提出了要增强生育政策的包容性，进一步降低生育、养育、教育三大成本，进一步发展社会公共服务，尤其是托育服务。文件中对托育服务的定位是，托育服务应该面向更多的婴幼儿，促进女性的就业，促进社会资源的整合，获得更多的财政支持。托育

---

① 国家卫生健康委流动人口服务中心课题组.家庭式托育：现状、规制困境与政策建议——基于北京市"民居园"的调研[J].社会治理，2021（04）：57.

服务应当满足家庭差异化需求，提供更加灵活的托育服务形式，借助政府、市场、社会各方力量，构建多元化的服务发展格局。

家庭式托育机构的独特性在于其提供的是关怀性质的托育服务，从婴幼儿的身心特点出发，真正满足婴幼儿的情感需求。因此，在保障各方利益的前提下，应当鼓励家庭式托育服务的发展，以适应多样化的托育需求。允许家庭式托育遵循自身的发展规律向前发展，一方面可以在市场经济条件下进一步检验其成效，另一方面深圳市家庭式托育的发展仍然处于起步阶段，需要增加人力、物力来支持。因此，在发展的过程中要秉持托育服务发展的基本原则，充分利用家庭式托育的独特功能，发展家庭式托育，造福千家万户。

（四）建立培训与认证体系

与明确的法律法规相比，深圳市家庭式托育服务建设标准需要进一步提升，这也是提升家庭式托育服务的必然要求。要发展家庭式托育机构，需要加强师资队伍建设，建立一个健全的托育模式。家庭式托育需要对托育服务人员进行专业的职业培训，制定相关的职业认定标准，开设相关的课程，促进家庭式托育人员的专业化发展，提升托育服务质量。

（五）健全家庭式托育服务相关的法律法规，加大其监管力度

目前，家长对托育服务最大的担忧就是婴幼儿的安全问题以及公平性问题，一旦婴幼儿被虐待或存在安全隐患，家长迫切希望自己子女的权利得到维护。目前，我国的一些法律多集中在幼儿园，如《关于幼儿教育改革与发展指导意见的通知》《国务院关于当前发展学前教育的若干意见》等，而专门针对0～3岁婴幼儿的法律目前还是一片空白，国家需要尽快出台相关政策来保障婴幼儿的合法权益。以法律的形式出台文件是第一步，此外还需要加强监管力度，定期对托育服务机构开展检查，开通投诉热线，对虐童等事件及时进行调查，从严治理，及时消除托育服务机构中的各种问题，促使0～3岁婴幼儿身心健康得到发展。

深圳市可以尝试建立严格审查托育人员的系统，进入该系统的人员不仅可以在机构从业，而且可以在家庭内自主创办小型托育点，就近招收社区内的0～3岁的婴幼儿。同时，规范现有的月嫂、育婴嫂、保姆市场，加强人员资质审核和业务培训，特别是对职业道德的培训和监管，促进儿童家庭照料服务行业的稳步发展。

本章小结

本章从政府公共服务制度与体系、托育服务机构行业、托育服务社区化模式、家庭式共享托育等方面论述深圳托育服务政策,形成了集国家、行业、社区、家庭为一体的托育服务政策体系,为深圳托育服务工作的开展提供了思路。

结　语

深圳市托育服务在发展过程中要借鉴国际标准，构建托育服务事业需要稳步发展。在实践中逐步改善托育服务的规模及质量，使广大家庭获得幸福感与满足感。要依据具体情况制定管理规范，使深圳市托育服务得到不断发展，为祖国的公共服务发展贡献力量。深圳市托育服务要在满足时代需求的基础上，促进国家"幼有所育"战略的发展。

在制定与实施托育政策的过程中，深圳市要始终把握以下原则。

一、始终坚持以婴幼儿为本，注重养护的同时加强教育

0～3岁的托育服务应当从婴幼儿的身心发展特点出发，坚持养护与教育并重的原则，在满足婴幼儿生理需求的基础上，对其各种能力进行培养，进而实现婴幼儿的全面发展。

二、托育服务要将婴幼儿的安全放在首位，促进托育服务的规范化

深圳市在设立托育服务机构的过程中，要保持基本的安全底线，无论托育机构的规模是大还是小，都要满足基本的标准，严把质量关与安全关。尤其在机构场所及设施的配备上，要时刻以安全为中心，明确托育服务机构的基本安全规范，托育服务机构的法人及举办人是安全工作的第一责任人。

三、开设多元化的托育服务

当前的托育服务呈现多元化的特点，从类型上划分为托儿所、托育机构、早教机构、看护点等，按照时间又可分为全日制、半日制、小时制等，深圳市在设立托育服务时不能"一刀切"，要促进多元化托育服务的发展。托育服务的宗旨是尽可能满足广大家庭的托育需求，减轻其养育负担，实现家庭和谐，促进社会发展。

四、放眼世界、立足当下发展托育服务事业

深圳市是国务院批复确定的中国经济特区、全国性经济中心城市和国际化城市 ①，同时也是粤港澳大湾区的四大中心城市之一。未来，深圳市的经济将仍然持续稳定发展，与之相配套的托育服务也应该在公共服务领域行业快速发展。深圳市托育服务要在满足市民托育需求的前提下发展，促进托育发展成果为全民共享。同时，深圳市的托育服务应当有国际视野，应当借鉴国内外优秀的托育案例来发展本市的托育服务，制定出既符合当下托育发展需求又符合世界托育发展趋势的政策，实现深圳市托育服务的可持续发展。

深圳市在大力发展 0～3 岁婴幼儿托育服务机构的同时，还启动了普惠性托育服务机构的建设，实现"生得起、养得好"的目标。目前，深圳市各区正在紧锣密鼓地进行托育服务备案工作。纵观深圳市托育服务的发展历程，其走的是一条"政府引导、多方参与、社会运营、普惠可及"的发展道路，随着托育服务的进一步发展，深圳市将加快发展与建设粤港澳大湾区和与中国特色社会主义先行示范区目标相匹配的托育服务事业，建设成民生幸福标杆城市。

---

① 国务院 . 国务院关于深圳市城市总体规划的批复 [R/OL].2010-8-16/2021-10-09. http：//www.gov.cn/ 公报 /content/zolo/content_1686116.htm.

参考文献

[1]　王海燕.托幼机构管理 [M].北京：清华大学出版社，2019：11.

[2]　冷玉津.托幼园所园所长工作实用全书 [M].北京：龙门书局，1996：06.

[3]　张海丽主编.学前儿童卫生与保健 [M].北京：北京理工大学出版社，2018：02.

[4]　李景文，马小泉.民国教育史料丛刊 1106 社会教育 [M].郑州：大象出版社，2015：04.

[5]　佘宇，顾严.点亮未来构建中国幼有所育政策体系研究 [M].北京：中国发展出版社，2019：05.

[6]　比吉特·格鲍尔 – 泽斯特亨，安妮·普尔基宁，凯特琳·埃德尔曼.0 ～ 3 岁宝宝健康成长宝典 [M].封诚诚，译.西安：太白文艺出版社，2019：04.

[7]　洪秀敏.婴幼儿托育服务机构设置标准的国际经验与启示 [M].北京：北京师范大学出版社，2019：33.

[8]　谢瑜.思辨的力量——研究生思想政治理论课论文集第 3 辑 [M].成都：西南交通大学出版社，2018：10.

[9]　吕丹娜，王丽丽，郭媛媛.童样空间——幼儿园创意设计[M].张晨，译.沈阳：辽宁科学技术出版社，2018：07.

[10]　陈之华.成就每一个孩子——陈之华解码芬兰教育 [M].北京：首都师范大学出版社，2012：08.

[11]　王泠一.2019 年上海民生发展报告 [M].上海：上海社会科学院出版社，2019：05.

[12]　中国人口与发展研究中心.国际人口政策参考 [M].北京：华文出版社，2018：02.

[13]　朱亚斓.城市儿童安全公共空间结构与设计 [M].南京：东南大学出版社，2017：08.

[14]　陈映芳.城市治理研究（第三卷）：家庭危机与生活秩序 [M].上海：上海交

通大学出版社，2018：07.

[15] 刘中一.我国托育服务的历史、现状与未来 [J]. 经济与社会发展，2018，16（04）：70-74.

[16] 杨雪燕，井文，王洒洒，等.中国 0～3 岁婴幼儿托育服务实践模式评估 [J]. 人口学刊，2019，41（01）：5-19.

[17] 张建.日本的育儿支援制度改革及其启示 [J]. 现代日本经济，2019（02）：69-81.

[18] 洪秀敏，陶鑫萌.改革开放 40 年我国 0～3 岁早期教育服务的政策与实践 [J]. 学前教育研究，2019（02）：3-11.

[19] 薛琪薪，吴瑞君.上海市 0～3 岁婴幼儿托育服务供给现状与社会政策研究 [J]. 上海城市管理，2019，28（03）：78-83.

[20] 张本波，魏义方.人口政策与托育服务资源配置：进展、问题与建议 [J]. 宏观经济管理，2019（04）：36-41.

[21] 马驰.城镇 0～3 岁幼儿托育服务亟须构建早教公共服务体系 [J]. 黑龙江社会科学，2019（03）：89-91.

[22] 刘中一.公共服务民营化趋势与我国策略选择——以托育为例 [J]. 学术探索，2019（05）：34-40.

[23] 李慧.美国 0～3 岁婴幼儿托育课程模式评析——以"FunShine Online"（FSO）为例 [J]. 教育探索，2019（04）：100-104.

[24] 高薇，苗春凤.新中国成立 70 年来托育服务的发展历程与思考 [J]. 北京青年研究，2019，28（04）：65-74.

[25] 李沛霖，王晖，丁小平，等.对发达地区 0～3 岁儿童托育服务市场的调查与思考——以南京市为例 [J]. 南方人口，2017，32（02）：71-80.

[26] 田茂，王凌皓.台湾地区托育服务的功能及启示 [J]. 现代教育科学，2017（03）：149-155.

[27] 刘中一.家庭式托育的国际经验及其启示 [J]. 人口与社会，2017，33（03）：90-95.

[28] 刘中一.全面两孩政策下我国托育服务发展的对策建议 [J]. 湖南社会科学，2017（05）：52-57.

[29] 刘中一.从西方社会机构托育的历史趋势看我国托育机构的未来发展 [J]. 科学发展，2018（03）：42-48.

[30] 吴苏贵，钱洁，李显波，等.进一步完善上海0～3岁婴幼儿托育服务体系 [J].科学发展，2018（03）：49–53.

[31] 杨菊华.论政府在托育服务体系供给侧改革中的职能定位 [J].国家行政学院学报，2018（03）：89–96+155.

[32] 冯解忧，许巧年.南京市0～3岁婴幼儿托育服务体系建设 [J].中共南京市委党校学报，2018（04）：100–106.

[33] 秦旭芳，王楠.我国婴幼儿托育师资角色定位与职业发展规划 [J].天津师范大学学报（基础教育版），2018，19（04）：78–82.

[34] 童连.上海幼儿托育问题研究 [J].科学发展，2018（10）：97–105.

[35] 孙勇.美国幼儿托育服务的困境分析及政策启示 [J].外国中小学教育，2018（08）：41–50.

[36] 罗丽，刘昊.美国0～3岁婴幼儿托育服务机构质量评估中的CLASS：内容、特点与应用 [J].外国中小学教育，2018（10）：45–54.

[37] 韦素梅.上海市托育供需现状调查及对早教中心职能的再思考 [D].上海：华东师范大学，2018.

[38] 李雨群，孙艳香.全面二胎政策下婴幼儿托育服务现状及对策分析 [J].现代商贸工业，2020，41（02）：83–84.

[39] 李雨霏，马文舒，王玲艳.1949年以来中国0～3岁托育机构发展变迁论析 [J].教育发展研究，2019，39（24）：68–74.

[40] 杨菊华.论3岁以下婴幼儿社会化托育服务中的"五W服务"[J].福建论坛（人文社会科学版），2020（01）：167–177.

[41] 刘琳雪.国外0～3岁儿童托育服务供给体系及其启示 [J].行政科学论坛，2020（03）：57–61.

[42] 范君晖，张未平.我国3岁以下婴幼儿托育服务社会支持体系构建研究 [J].黑龙江社会科学，2020（02）：100–105.

[43] 陈偲，陆继锋.公共托育服务：框架、进展与未来 [J].行政管理改革，2020（06）：60–66.

[44] 王先达，林郑君.新时代背景下公办托育机构建设模式创新探索 [J].陕西学前师范学院学报，2020，36（07）：48–53.

[45] 秦旭芳，宁洋洋.21世纪我国托育服务政策的能力限度与突破 [J].教育发展研究，2020，40（12）：46–52.

[46] 金熳然，冯倩，柳海民．日本企业主导型托育服务支持政策：背景、内容与效果 [J]. 外国教育研究，2020，47（06）：101–113.

[47] 黄楹，张海峰，童连．托育质量与儿童发展研究进展 [J]. 中国儿童保健杂志，2020，28（09）：997–1000+1008.

[48] 鲜国容．城市地区托育服务供需现状个案研究 [D]. 喀什：喀什大学，2019.

[49] 矫佳凝．城市家庭婴儿托育服务模式与品质的需求研究 [D]. 沈阳：沈阳师范大学，2019.

[50] 张婵娟 .0 ～ 3 岁托育机构从业人员现状分析及对策研究 [D]. 上海：上海师范大学，2019.

[51] 时扬．婴幼儿托育服务政策的国际比较及对我国的启示 [D]. 上海：华东师范大学，2019.

[52] 张建．日本发展普惠性托育服务的多维行动路径 [J]. 比较教育研究，2021，43（01）：93–103.

[53] 周秀秀．广东省 0 ～ 3 岁婴幼儿托育服务教养人员素质现状调查研究 [D]. 广州：广州大学，2019.

[54] 张燕．城市地区 0 ～ 3 岁婴幼儿家长托育服务需求调查 [D]. 金华：浙江师范大学，2019.

[55] 洪秀敏，张明珠，朱文婷．当前我国托育人员队伍建设的瓶颈与对策 [J]. 中国教师，2020（02）：79–83.

[56] 华东师范大学中国现代城市研究中心．华东师范大学社会发展学院．推进婴幼儿托育服务改革与发展 [N]. 中国人口报，2019–07–26（003）.

[57] 王艺卓，李晓巍．“幼有所育”背景下我国社区公共托育服务的经验与启示——以上海市和南京市为例 [J]. 幼儿教育，2019（27）：3–7+12.

[58] 刘友棚，费广洪，刘佩云．澳门特区婴幼儿托育服务发展经验及启示 [J]. 教育探索，2020（03）：37–40.

附　录

附录一　城市家庭 3 岁以下
婴幼儿托育服务需求

调查问卷
（调查对象：3 岁以下婴幼儿的母亲）

尊敬的女士：

　　您好！随着全面三孩政策的实施，群众对婴幼儿照料与服务的社会需求越来越强烈。我们希望通过此次调查了解您对孩子托育服务的需求，以帮助政府制定相关政策提供建议。本次调查需要耽误您一些时间，希望得到您的理解和支持。调查结果仅供研究使用，我们绝不会泄露您的任何个人信息。衷心感谢您的支持与配合！

样本配额表

（在相应的空格内打"√"）

是否为全职妈妈 婴幼儿出生日期	全职妈妈	非全职妈妈
（月龄：0～11 个月）		
（月龄：12～23 个月）		
（月龄：24～35 个月）		

调查地点：_____ 区 _____（单位名称）

样本点编码　　　　　　　　　　□□□

被访者编码　　　　　　　　　　□□

一、基本情况

101. 您带来打防疫针 / 体检的孩子的性别： ☐

    1. 男　2. 女

102. 孩子的出生年月（阳历）： _____年__月

103. 孩子是否有本市户口？ ☐

    1. 是　2. 否

104. A. 您目前有__个孩子，其中男孩__个，女孩__个

    B. 来打预防针 / 体检的孩子是您的第__个孩子

（如果只有一个孩子，则跳问 105 题）

105. 您的出生年月（阳历）： _____年___月

106. 您的受教育程度： ☐

    1. 小学及以下　2. 初中　　3. 高中 / 中专

    4. 大学专科　5. 大学本科　6. 研究生

107. 您是否有本市户口 ☐

    1. 是　2. 否

108. 您的婚姻状况： ☐

    1. 已婚　　2. 离婚 / 丧偶（跳问 112 题）

109. 您丈夫的受教育程度： ☐

    1. 小学及以下　2. 初中　　3. 高中 / 中专

    4. 大学专科　5. 大学本科　6. 研究生

110. 您丈夫现在的主要职业： ☐

    1. 国家机关、党群组织、企事业单位负责人 2. 专业技术人员

    3. 公务员、办事人员和有关人员　　　　4. 商业、服务业人员

    5. 农林牧渔水利业生产人员 6. 生产、运输设备操作人员及有关人员

    7. 自由职业者 8. 其他（请注明 _____）9. 无工作（跳问 112 题）

111. 您丈夫现在就业的单位性质属于哪一类？ ☐

    1. 机关、事业单位 2. 国有及国有控股企业 / 集体企业 3. 私营企业

    4. 中外合资 / 外商独资企业　5. 个体工商户　6. 部队

    7. 其他（请注明_____）　　8. 无单位

112. 过去 12 个月，您家的平均月收入是多少？ _____元

113. 过去 12 个月，您个人的平均月收入是多少？ _____元

二、抚育方式

201. 最近 3 个月,您这个孩子白天(工作日)主要由谁照看? (1 是,2 否)

1. 孩子妈妈 ☐ 2. 孩子爸爸 ☐ 3. 孩子(外)祖父／母 ☐

4. 保姆 ☐ 5. 托育机构 ☐ 6. 其他(请注明 ＿＿＿)

202. 目前您家每月为照看这个孩子一共支出多少元?

(指送幼儿园、请保姆、送家庭托儿户、请家人等照看孩子的费用,不包括早教、食品、服装、娱乐及看病等费用) ＿＿＿＿＿＿元

203. 目前您这个孩子采用以下哪种托育方式? ☐

1. 没有入任何托育机构 2. 托儿所 3. 幼儿园托班

4. 家庭托儿户 5. 托育半天及以上且不需要家长陪同的早教机构

(203 题选"1"的继续回答 204 题,选"2～5"的跳问 205 题)

204. 您这个孩子没入托育机构的前三位主要原因:(多选) ☐☐☐

1. 附近没有接收 3 岁以下孩子的托育机构 2. 孩子太小

3. 没有本市户口,不接收 4. 费用太高 5. 家中有人照看

6. 其他(请注明 ＿＿＿＿＿) 7. 还没考虑过这个问题

(答完 204 题,跳问 210 题)

205. 这个孩子什么时候开始入的该托育机构? ☐ 　　1. 不满半岁　　2. 半岁到不满 1 岁 3. 1 岁到不满 1 岁半 　　4. 1 岁半到不满 2 岁 5. 2 岁到不满 2 岁半 6. 2 岁半到不满 3 岁
206. 这个托育机构的性质属于: ☐ 　　1. 教育部门办 2. 部队、机关、事业单位等部门办 3. 国有企业办 　　4. 街道社区办 5. 民办　6. 家庭办　7. 不清楚
207. 这个孩子的托育方式属于: ☐ 　　1. 半日制 2. 全日制 3. 寄宿制
208. 这个孩子在该托育机构一个月的托育费用(指保教费、伙食费、代管费等)平均是多少元? ＿＿＿＿＿＿元／月
209. 您当初选择这个托育机构的前三位原因是: ☐☐☐ 　　1. 方便接送　2. 收费合理 3. 师资素质高 4. 安全防护好 　　5. 伙食质量好 6. 教学及游乐设施完备 7. 口碑好(指声望／规模／品牌等) 　　8. 其他(请注明＿＿＿)9. 没别的选择

210. 您目前是否因为照顾孩子而停止工作成为全职妈妈？　□

　　1. 是　2. 否（跳问 215 题）　　3. 一直没有工作（跳问 301 题）

---

211. 您成为全职妈妈的最主要原因：　□

　　1. 孩子小应该由妈妈亲自照顾，主动选择

　　2. 没人看孩子，被动选择

　　3. 其他（请注明 _____ ）

212. 您成为全职妈妈多长时间了？　____ 年 __ 个月

213. 您成为全职妈妈前，平均月收入多少元？　_____ 元

214. 如果有托育机构为您照看孩子，您是否会重新上班？　□

　　1. 是　2. 否

（回答完 214 题，跳问 301 题）

---

215. 您现在的主要职业：　□

　　1. 国家机关、党群组织、企事业单位负责人 2. 专业技术人员

　　3. 公务员、办事人员和有关人员　　　4. 商业、服务业人员

　　5. 农林牧渔水利业生产人员 6. 生产、运输设备操作人员及有关人员

　　7. 自由职业者　　　　8. 其他（请注明 _____ ）

216. 您现在就业的单位性质属于哪一类？　□

　　1. 机关、事业单位 2. 国有及国有控股企业 / 集体企业 3. 私营企业

　　4. 中外合资 / 外商独资企业 5. 个体工商户（跳问 301 题）

　　6. 部队 7. 其他（请注明 _____ ）8. 无单位（跳问 301 题）

217. A. 生这个孩子，您可以享受多少天假？　　　　天

　　（包括产假、生育奖励假等）

　　B. 您认为您享受多少天假期合适？　_____ 天

218. 您所在单位是否有哺乳室？　1. 有 2. 没有　□

219. 您所在单位是否有宝宝房（供幼儿玩耍的房间）？　□

　　1. 有 2. 没有

220. 您所在单位是否有托儿所 / 幼儿园？　□

　　1. 有（入托的最小年龄是 ___ 月龄）　　2. 没有

221. 您每月因照料这个孩子平均请假多少天？（正在休产假者不填）____ 天

三、托育需求

301. 孩子 3 岁前，您是否需要将其送入托育机构？（已入托者填1） □

    1. 需要（跳问 303 题）　2. 不需要

302. 孩子 3 岁前，您不需要孩子入托的最主要原因是： □

    1. 家里有人照看　2. 孩子太小

    3. 没有经济能力　4. 其他（请注明 _____ ）

（回答完 302 题后，跳至第三部分后阴影注释）

303. 孩子 3 岁前，您需要让孩子入托的前三位原因是： □□□

    1. 家里无人照看　　2. 让孩子有玩伴　　3. 培养孩子的自理能力

    4. 减轻老人负担，让老人有更多的闲暇时间

    5. 减轻自己照料孩子的负担　　6. 托育机构比较专业

    7. 其他（请注明 _____ ）

304. 您打算孩子多大时将其送入托育机构？（已入托者填实际入托时间） □

    1. 不满半岁　2. 半岁到不满 1 岁　3. 1 岁到不满 1 岁半

    4. 1 岁半到不满 2 岁　5. 2 岁到不满 2 岁半　6. 2 岁半到不满 3 岁

305. 您最希望托育机构位于： □

    1. 自己单位内 / 附近　　2. 丈夫单位内 / 附近

    3. 居住社区内 / 附近　　4. 无所谓

306. 您希望孩子上哪一类的托育机构？ □

    1. 公办　　2. 民办　　3. 民办公助 / 公建民营　　4. 无所谓

307. 关于托育机构的要求，您最重视哪三个方面？ □□□

    1. 方便接送　　2. 收费合理　　3. 师资素质高

    4. 安全防护好　　5. 伙食质量好　　6. 教学及游乐设施完备

    7. 口碑好（指声望 / 规模 / 品牌等）　　8. 其他（请注明 _____ ）

308. 以下哪种托育机构最适合您的情况？ □

    1. 半日制　　2. 全日制　　3. 寄宿制

309. 目前您每月能承受的托育机构费用是多少元？ _____ 元

310. 您家或单位附近是否有接收 3 岁以下孩子的托育机构？ □

    1. 有（入托的最小年龄是 ___ 月龄）　　2. 没有　3. 不清楚

（只有一个孩子、已婚有配偶育龄妇女继续回答 401 题，其他人跳至联系电话）

四、生育意愿

401. 目前，全面三孩政策已经实施，您是否打算再要一个孩子？　　□

1. 是 2. 否（跳问 403 题）　3. 说不好（跳至联系电话）

402. 您再要一个孩子的前三位原因是：　　　□□□

1. 喜欢孩子　　2. 增加家庭劳动力　　3. 希望儿女双全

4. 养老更有保障　　5. 给孩子找个伴　　6. 父母 / 公婆想要

7. 丈夫想要　　8. 其他（请注明 _____）

（回答完 402 题，跳至联系电话）

403. 您不要第二个孩子的前三位原因是：　　　□□□

1. 经济负担太重　　2. 没人看孩子　　3. 影响女性工作和事业发展

4. 养育孩子太费心 5. 丈夫不支持　6. 保证自己有足够的闲暇时间

7. 身体不好　　8. 年龄太大　　9. 其他（请注明 _____）

被访者联系电话：　　手机：_____

座机：区号 _____ 号码 _____

调查员联系电话：　　手机：_____

座机：区号 _____ 号码 _____

调查完成日期：____ 月 ____ 日

调查员签名：_____

附录二 广东省婴幼儿照护服务发展现状与对策调查研究机构登记表

登记单位：

地址：　　　　　　　　联系人：

所在辖区：　　　市　　　县　　　街道

调查日期：2019 年 10 月

调查对象：本辖区内为 3 岁以下婴幼儿提供托育服务的机构，主要服务内容包含但不限于为婴幼儿提供托管、培育、午睡、餐饮、家长课程等服务的机构。如机构服务年龄跨度大，只要存在对 3 岁以下婴幼儿提供托育服务的，均纳入摸查范围。

基本信息			
机构类别	□幼儿园托班 □早教机构结合托班 □家庭式托育 □社区托育照护 □妇幼保健院承办机构 □事业单位自行承办托儿所 □个体托育机构（无营业执照或登记证书） □专业托育机构（有营业执照或登记证书） □其他：	服务年份	□筹建阶段 □ 1 年以内 □满 1 年到 2 年以内 □满 2 年到 5 年以内 □满 5 年到 10 年以内 □满 10 年以上
收托月龄	至　　　　个月	机构性质	□营利　□非营利
服务形式	□全日托 □半日托　□计时托 □临时托	服务内容	□照料　□看护 □保育　□保教
服务时间	□周一　□周二 □周三　□周四　□周五 □周六　□周日 　　点至　　　点	供餐情况	□自行加工膳食 □不自行加工膳食，但提供供餐服务 □不提供膳食
主体类别	□法人　□自然人　□其他社会组织		

登记信息	法定代表人姓名			联系电话	
	登记机关	□工商 □民政 □教育 □其他		登记时间	
	登记有效期			法人统一社会信用代码	
机构负责人	姓名			联系电话	
	最高学历			从事 3 年以上儿童保育教育、卫生健康等相关工作　□是　　□否	
持有证件	托幼机构卫生评价报告合格	食品经营许可证	消防安全合格证	场地证明	营业执照	办学许可证
有的请打勾	□有	□有	□有	□有	□有	□有

基础设施					
场所性质	□自有 □租赁（租赁期 年）□其他				
建筑面积	平方米			使用面积	平方米
室外活动面积	平方米			生活用房面积	平方米
机构所在楼层	□一层 □二层 □三层 □其他				
独立安全疏散出口	□有 □无				
独立的疏散楼梯	□有 □无				
生活用房	用餐区	□有 □无	睡眠区	□有 □无	游戏区	□有 □无
	盥洗区	□有 □无	储物区	□有 □无		
管理用房	保健室	□有 □无	办公室	□有 □无	安保室	□有 □无
后勤保障用房	厨房	□有 □无	库房	□有 □无	消毒房	□有 □无
收托 2 岁以下婴幼儿设置	哺乳（喂奶）室	□有 □无			配乳室	□有 □无

基础设施					
总人数（　）人	全职		兼职		返聘	
持有专业资格证书	育婴师	保健员	保育员	营养师	炊事员	保安员

数量						
健康检查 合格证明	人		岗前培训		□有 □无	
依法签订 劳动合同	□有 □无		定期培训		□有 □无	

综合管理
是否了解或实施相关的标准规范： □高度关注：积极学习，安排实施或参与编制 □一般关注：知悉部分，初步了解观望或存在实施困难 □从无关注：不知道或不需要，无可用处，不可实施
建立并执行管理制度 □有 □无
保持年检合格 □有 □无
配合相关管理部门监督检查 □有 □无

健康管理			
晨检	□有 □无	午检	□有 □无
全日健康观察	□有 □无	卫生消 毒制度	□有 □无
病儿隔离制度	□有 □无	传染病预防 和管理制度	□有 □无

安全管理			
配有生活和活动区域全 覆盖的监控报警系统	□有 □无	监控录像 资料保存 90日以上	□有 □无
报警系统是否直接 连接到公安部门	□有 □无	投保机构 责任险	□有 □无

请登记单位盖章，确认情况属实。

单位名称：

登记日期：

附录三　定性访谈提纲

附1　各区（新区）卫健局（公共事业局）座谈会讨论提纲

［1］请谈谈贯彻落实《国务院办公厅关于促进3岁以下婴幼儿照护服务发展的指导意见》的工作思路、问题建议。开展3岁以下婴幼儿照护服务工作的重点和难点是什么？

［2］请谈谈辖区3岁以下婴幼儿照护服务机构的整体情况，包括机构的数量［主要包括托育（托儿）服务机构、幼儿园托班、单位托育点、社区托育点和家庭托育点等］，营利性或非营利性和存在的问题以及如何开展家庭婴幼儿照护服务工作、如何规范发展多种形式婴幼儿照护服务机构的想法和建议。

［3］教育部门对学前教育机构开设托班，服务延伸至2～3岁的幼儿的工作思路及建议。

［4］请谈谈现有的3岁以下婴幼儿照护服务机构内开展的基本公共卫生服务情况、妇幼保健服务情况和存在的主要问题？

［5］请谈谈在3岁以下婴幼儿照护服务工作中，家庭反映的主要突出热点、难点问题有哪些？如何解决或者准备如何解决？

附件2　3岁以下婴幼儿照护服务机构访谈提纲

［1］请谈谈你所了解的本地区服务机构发展的总体情况（其他类似机构的情况，包括营利机构、非营利组织和福利机构等各种形式）。

［2］请谈谈本机构的日常管理和运营情况，主要包括服务区域、招收对象、运营方式、资金来源等。

［3］请谈谈本机构在卫生保健方面的工作，包括卫生保健设施、膳食营养、保育保健队伍等情况。

［4］请谈谈本地区在推进婴幼儿照护服务机构发展过程中的成功经验和做法。

［5］你所在的机构还面临哪些日常或发展中的问题或困境。你认为可以从哪些方面去克服上述问题或困境？

［6］在促进婴幼儿照护服务机构发展方面，你希望政府出台哪些政策？采取哪些措施？

附录四　国务院办公厅关于促进 3 岁以下婴幼儿照护服务发展的指导意见

《国务院办公厅关于促进 3 岁以下婴幼儿照护服务发展的指导意见》
国办发〔2019〕15 号

各省、自治区、直辖市人民政府，国务院各部委、各直属机构：

3 岁以下婴幼儿（以下简称婴幼儿）照护服务是生命全周期服务管理的重要内容，事关婴幼儿健康成长，事关千家万户。为促进婴幼儿照护服务发展，经国务院同意，现提出如下意见。

一、总体要求

（一）指导思想。以习近平新时代中国特色社会主义思想为指导，全面贯彻党的十九大和十九届二中、三中全会精神，按照统筹推进"五位一体"总体布局和协调推进"四个全面"战略布局要求，坚持以人民为中心的发展思想，以需求和问题为导向，推进供给侧结构性改革，建立完善促进婴幼儿照护服务发展的政策法规体系、标准规范体系和服务供给体系，充分调动社会力量的积极性，多种形式开展婴幼儿照护服务，逐步满足人民群众对婴幼儿照护服务的需求，促进婴幼儿健康成长、广大家庭和谐幸福、经济社会持续发展。

（二）基本原则。家庭为主，托育补充。人的社会化进程始于家庭，儿童监护抚养是父母的法定责任和义务，家庭对婴幼儿照护负主体责任。发展婴幼儿照护服务的重点是为家庭提供科学养育指导，并对确有照护困难的家庭或婴幼儿提供必要的服务。

政策引导，普惠优先。将婴幼儿照护服务纳入经济社会发展规划，加快完善相关政策，强化政策引导和统筹引领，充分调动社会力量积极性，大力推动婴幼儿照护服务发展，优先支持普惠性婴幼儿照护服务机构。

安全健康，科学规范。按照儿童优先的原则，最大限度地保护婴幼儿，确保婴幼儿的安全和健康。遵循婴幼儿成长特点和规律，促进婴幼儿在身体发育、动作、语言、认知、情感与社会性等方面的全面发展。

属地管理，分类指导。在地方政府领导下，从实际出发，综合考虑城乡、区域发展特点，根据经济社会发展水平、工作基础和群众需求，有针对性地开展婴幼儿照护服务。

（三）发展目标。到 2020 年，婴幼儿照护服务的政策法规体系和标准规范体系初步建立，建成一批具有示范效应的婴幼儿照护服务机构，婴幼儿照护服务水平有所提升，人民群众的婴幼儿照护服务需求得到初步满足。

到 2025 年，婴幼儿照护服务的政策法规体系和标准规范体系基本健全，多元化、多样化、覆盖城乡的婴幼儿照护服务体系基本形成，婴幼儿照护服务水平明显提升，人民群众的婴幼儿照护服务需求得到进一步满足。

二、主要任务

（一）加强对家庭婴幼儿照护的支持和指导。全面落实产假政策，鼓励用人单位采取灵活安排工作时间等积极措施，为婴幼儿照护创造便利条件。

支持脱产照护婴幼儿的父母重返工作岗位，并为其提供信息服务、就业指导和职业技能培训。

加强对家庭的婴幼儿早期发展指导，通过入户指导、亲子活动、家长课堂等方式，利用互联网等信息化手段，为家长及婴幼儿照护者提供婴幼儿早期发展指导服务，增强家庭的科学育儿能力。

切实做好基本公共卫生服务、妇幼保健服务工作，为婴幼儿家庭开展新生儿访视、膳食营养、生长发育、预防接种、安全防护、疾病防控等服务。

（二）加大对社区婴幼儿照护服务的支持力度。地方各级政府要按照标准和规范在新建居住区规划、建设与常住人口规模相适应的婴幼儿照护服务设施及配套安全设施，并与住宅同步验收、同步交付使用；老城区和已建成居住区无婴幼儿照护服务设施的，要限期通过购置、置换、租赁等方式建设。有关标准和规范由住房城乡建设部于 2019 年 8 月底前制定。鼓励通过市场化方式，采取公办民营、民办公助等多种方式，在就业人群密集的产业聚集区域和用人单位完善婴幼儿照护服务设施。

鼓励地方各级政府采取政府补贴、行业引导和动员社会力量参与等方式，在加快推进老旧居住小区设施改造过程中，通过做好公共活动区域的设施和部位改造，为婴幼儿照护创造安全、适宜的环境和条件。

各地要根据实际，在农村社区综合服务设施建设中，统筹考虑婴幼儿照护服务设施建设。

发挥城乡社区公共服务设施的婴幼儿照护服务功能，加强社区婴幼儿照护服务设施与社区服务中心（站）及社区卫生、文化、体育等设施的功能衔接，发挥综合效益。支持和引导社会力量依托社区提供婴幼儿照护服务。发挥网格化服务管理作用，大力推动资源、服务、管理下沉到社区，使基层各类机构、组织在服务保障婴幼儿照护等群众需求上有更大作为。

加大对农村和贫困地区婴幼儿照护服务的支持，推广婴幼儿早期发展项目。

（三）规范发展多种形式的婴幼儿照护服务机构。举办非营利性婴幼儿照护服务机构的，在婴幼儿照护服务机构所在地的县级以上机构编制部门或民政部门注册登记；举办营利性婴幼儿照护服务机构的，在婴幼儿照护服务机构所在地的县级以上市场监管部门注册登记。婴幼儿照护服务机构经核准登记后，应当及时向当地卫生健康部门备案。登记机关应当及时将有关机构登记信息推送至卫生健康部门。

地方各级政府要将需要独立占地的婴幼儿照护服务设施和场地建设布局纳入相关规划，新建、扩建、改建一批婴幼儿照护服务机构和设施。城镇婴幼儿照护服务机构建设要充分考虑进城务工人员随迁婴幼儿的照护服务需求。

支持用人单位以单独或联合相关单位共同举办的方式，在工作场所为职工提供福利性婴幼儿照护服务，有条件的可向附近居民开放。鼓励支持有条件的幼儿园开设托班，招收 2 至 3 岁的幼儿。

各类婴幼儿照护服务机构可根据家庭的实际需求，提供全日托、半日托、计时托、临时托等多样化的婴幼儿照护服务；随着经济社会发展和人民消费水平提升，提供多层次的婴幼儿照护服务。

落实各类婴幼儿照护服务机构的安全管理主体责任，建立健全各类婴幼儿照护服务机构安全管理制度，配备相应的安全设施、器材及安保人员。依法加强安全监管，督促各类婴幼儿照护服务机构落实安全责任，严防安全事故发生。

加强婴幼儿照护服务机构的卫生保健工作。认真贯彻保育为主、保教结合的工作方针，为婴幼儿创造良好的生活环境，预防控制传染病，降低常见病的发病率，保障婴幼儿的身心健康。各级妇幼保健机构、疾病预防控制机构、卫生监督机构要按照职责加强对婴幼儿照护服务机构卫生保健工作的业务指导、咨询服务和监督检查。

加强婴幼儿照护服务专业化、规范化建设，遵循婴幼儿发展规律，建立健全婴幼儿照护服务的标准规范体系。各类婴幼儿照护服务机构开展婴幼儿照护服务必须符合国家和地方相关标准和规范，并对婴幼儿的安全和健康负主体责任。运用互联网等信息化手段对婴幼儿照护服务机构的服务过程加强监管，让广大家长放心。建立健全婴幼儿照护服务机构备案登记制度、信息公示制度和质量评估制度，对婴幼儿照护服务机构实施动态管理。依法逐步实行工作人员职业资格准入制度，对虐童等行为零容忍，对相关个人和直接管理人员实行终身禁入。婴幼儿照护服务机构设置标准和管理规范由国家卫生健康委制定，各地据此做好婴幼儿照护服务机构核准登记工作。

三、保障措施

（一）加强政策支持。充分发挥市场在资源配置中的决定性作用，梳理社会力量进入的堵点和难点，采取多种方式鼓励和支持社会力量举办婴幼儿照护服务机构。鼓励地方政府通过采取提供场地、减免租金等政策措施，加大对社会力量开展婴幼儿照护服务、用人单位内设婴幼儿照护服务机构的支持力度。鼓励地方政府探索试行与婴幼儿照护服务配套衔接的育儿假、产休假。创新服务管理方式，提升服务效能水平，为开展婴幼儿照护服务创造有利条件、提供便捷服务。

（二）加强用地保障。将婴幼儿照护服务机构和设施建设用地纳入土地利用总体规划、城乡规划和年度用地计划并优先予以保障，农用地转用指标、新增用地指标分配要适当向婴幼儿照护服务机构和设施建设用地倾斜。鼓励利用低效土地或闲置土地建设婴幼儿照护服务机构和设施。对婴幼儿照护服务设施和非营利性婴幼儿照护服务机构建设用地，符合《划拨用地目录》的，可采取划拨方式予以保障。

（三）加强队伍建设。高等院校和职业院校（含技工院校）要根据需求开设婴幼儿照护相关专业，合理确定招生规模、课程设置和教学内容，将安全照护等知识和能力纳入教学内容，加快培养婴幼儿照护相关专业人才。将婴幼儿照护服务人员作为急需紧缺人员纳入培训规划，切实加强婴幼儿照护服务相关法律法规培训，增强从业人员法治意识；大力开展职业道德和安全教育、职业技能培训，提高婴幼儿照护服务能力和水平。依法保障从业人员合法权益，建设一支品德高尚、富有爱心、敬业奉献、素质优良的婴幼儿照护服务队伍。

（四）加强信息支撑。充分利用互联网、大数据、物联网、人工智能等技术，结合婴幼儿照护服务实际，研发应用婴幼儿照护服务信息管理系统，实现线上线下结合，在优化服务、加强管理、统计监测等方面发挥积极作用。

（五）加强社会支持。加快推进公共场所无障碍设施和母婴设施的建设和改造，开辟服务绿色通道，为婴幼儿出行、哺乳等提供便利条件，营造婴幼儿照护友好的社会环境。企业利用新技术、新工艺、新材料和新装备开发与婴幼儿照护相关的产品必须经过严格的安全评估和风险监测，切实保障安全性。

四、组织实施

（一）强化组织领导。各级政府要提高对发展婴幼儿照护服务的认识，将婴幼儿照护服务纳入经济社会发展相关规划和目标责任考核，发挥引导作用，制定切实管用的政策措施，促进婴幼儿照护服务规范发展。

（二）强化部门协同。婴幼儿照护服务发展工作由卫生健康部门牵头，发展改革、教育、公安、民政、财政、人力资源社会保障、自然资源、住房城乡建设、应急管理、税务、市场监管等部门要按照各自职责，加强对婴幼儿照护服务的指导、监督和管理。积极发挥工会、共青团、妇联、计划生育协会、宋庆龄基金会等群团组织和行业组织的作用，加强社会监督，强化行业自律，大力推动婴幼儿照护服务的健康发展。

（三）强化监督管理。加强对婴幼儿照护服务的监督管理，建立健全业务指导、督促检查、考核奖惩、安全保障和责任追究制度，确保各项政策措施、规章制度落实到位。按照属地管理和分工负责的原则，地方政府对婴幼儿照护服务的规范发展和安全监管负主要责任，制定婴幼儿照护服务的规范细则，各相关部门按照各自职责负监管责任。对履行职责不到位、发生安全事故的，要严格按照有关法律法规追究相关人员的责任。

（四）强化示范引领。在全国开展婴幼儿照护服务示范活动，建设一批示范单位，充分发挥示范引领、带动辐射作用，不断提高婴幼儿照护服务整体水平。

国务院办公厅

2019 年 4 月 17 日

附录五　广东省人民政府办公厅关于促进 3 岁以下婴幼儿照护服务发展的实施意见

《广东省人民政府办公厅关于促进 3 岁以下婴幼儿照护服务发展的实施意见》粤府办〔2020〕5 号

各地级以上市人民政府，省政府各部门、各直属机构：

为贯彻落实《国务院办公厅关于促进 3 岁以下婴幼儿照护服务发展的指导意见》（国办发〔2019〕15 号）等文件精神，建立健全幼有所育公共服务制度，大力推进我省 3 岁以下婴幼儿（以下简称婴幼儿）照护服务发展，经省人民政府同意，制定本实施意见。

一、总体要求

以习近平新时代中国特色社会主义思想为指导，全面贯彻党的十九大和十九届二中、三中、四中全会精神，全面贯彻落实习近平总书记对广东重要讲话和重要指示批示精神，坚持家庭为主、托育补充，政策引导、普惠优先，安全健康、科学规范，属地管理、分类指导的基本原则，发挥政府引导作用，充分调动社会力量积极性，建立完善促进婴幼儿照护服务发展的政策标准、服务供给和监督管理体系，多种形式开展婴幼儿照护服务，逐步满足人民群众对婴幼儿照护服务的需求。

到 2020 年，婴幼儿照护服务的政策标准体系初步建立，广州、深圳市建成 5 家以上，其他市建成 2 家以上具有带动效应、可承担一定指导功能的示范性婴幼儿照护服务机构，婴幼儿照护服务水平有新提升，人民群众的婴幼儿照护服务需求得到初步满足。到 2025 年，婴幼儿照护服务的政策标准体系基本健全，社会婴幼儿照护服务供给明显增加，主体多元、布局合理、管理规范、服务优质、覆盖城乡、满足多层次需求的婴幼儿照护服务体系基本形成，婴幼儿照护服务能力明显提升，整体水平力争走在全国前列。

二、加强对家庭婴幼儿照护的支持和指导

（一）全面落实休假政策。贯彻《中华人民共和国人口与计划生育法》《广东省人口与计划生育条例》等法律法规，全面落实产假、配偶陪产假等

政策，积极探索试行与婴幼儿照护服务配套衔接的育儿假、产休假。鼓励用人单位采取灵活安排工作时间、减少工作时长、实施远程办公等措施，为家庭婴幼儿照护创造便利条件。支持脱产照护婴幼儿的父母重返工作岗位，并为其提供信息服务、就业指导和职业技能培训。（省人力资源社会保障厅、卫生健康委、总工会、妇联负责）

（二）加强生育服务和婴幼儿早期发展指导。推进优生优育全程服务，加强出生缺陷综合防治，提高出生人口素质。由各级妇幼保健院牵头建立科学育儿指导团队，通过入户指导、亲子活动、家长课堂等方式，为家长及婴幼儿照护者提供婴幼儿早期发展指导服务。加强婴幼儿照护服务与基本公共卫生服务、妇幼保健服务、国民营养计划的衔接，为婴幼儿家庭提供新生儿访视、儿童中医药健康管理、膳食营养、生长发育、预防接种、安全防护、疾病防控等服务。保障免疫规划疫苗供应，提升预防接种管理质量。提高母乳喂养率，培养科学喂养行为习惯，提高婴幼儿食品质量与安全水平。（省卫生健康委、教育厅、妇联、中医药局负责）

三、加大对社区和农村地区婴幼儿照护服务的支持力度

（一）统筹规划建设社区婴幼儿照护服务设施。各地政府要在推进城市基础设施建设、新型城镇化建设以及城镇老旧小区改造过程中，新建、扩建、改建一批婴幼儿照护服务机构和设施；要在新建居住区规划建设与常住人口规模相适应的婴幼儿照护服务设施和配套安全设施，与住宅同步设计、同步建设、同步验收、同步交付使用；老城区和已建成居住区无婴幼儿照护服务设施或设施不能满足需求的，在2023年前通过购置、置换、租赁等方式完成建设。婴幼儿照护服务设施建设和布局要充分考虑居住、就业、交通、环境适宜性、集中建成区域等因素，充分考虑进城务工人员随迁婴幼儿照护服务需求。（省发展改革委、自然资源厅、住房城乡建设厅、卫生健康委负责）

（二）发挥城乡公共服务设施婴幼儿照护服务功能。各地在社区、农村综合服务设施建设中，要统筹考虑婴幼儿照护服务配套设施。鼓励各地政府通过政府补贴、行业引导、动员社会力量参与等方式，做好公共活动区域的设施和部位改造，为婴幼儿照护创造安全、适宜的环境和条件。加强社区婴幼儿照护服务设施与社区服务中心（站）及社区卫生、文化、体育等设施的功能衔接，发挥综合效益。加大对农村和贫困地区婴幼儿照护服务的支持力度，推动资源、服务、管理下沉，将婴幼儿照护服务纳入农村服务体系，鼓

励利用农村公共服务设施、闲置校舍、闲置办公场所等资源，以委托或购买服务的方式支持非营利性婴幼儿照护服务机构开展服务。（省卫生健康委、农业农村厅、住房城乡建设厅、民政厅、教育厅负责）

四、加快发展多种形式的婴幼儿照护服务机构

（一）大力支持社会力量举办婴幼儿照护服务机构。落实国家支持社会力量发展普惠婴幼儿照护服务政策措施，重点推进承担一定指导功能的示范性婴幼儿照护服务机构建设。支持社会力量采取独资、合资、公办民营、民办公助等形式，参与婴幼儿照护服务设施改造和建设。鼓励在就业人群密集的产业聚集区域兴办婴幼儿照护服务机构和设施，提供全日托、半日托、计时托、临时托等多样化、普惠性的婴幼儿照护服务。（省发展改革委、卫生健康委、财政厅、住房城乡建设厅、教育厅、市场监管局负责）

（二）鼓励用人单位提供福利性婴幼儿照护服务。鼓励机关、企事业单位、工业园区、学校、商业楼宇及青年女职工集中的单位，采取单独或联合方式，在工作场所为职工提供福利性婴幼儿照护服务，有条件的可向附近居民开放。鼓励有条件的地方对妇女儿童活动中心等场所进行改造，提供非营利性的婴幼儿照护服务。（省总工会、人力资源社会保障厅、市场监管局、财政厅、妇联负责）

（三）支持幼儿园开设托班。探索建立托幼服务一体化新模式，鼓励各地有条件的幼儿园利用现有资源开设托班，招收 2 至 3 岁的幼儿。鼓励各地在新建幼儿园时，按有关标准设置适当比例的 2 至 3 岁幼儿托班。加大普惠性幼儿园政策扶持力度，鼓励公办和民办幼儿园通过改建、扩建等方式，增加托育资源供给。（省教育厅、卫生健康委负责）

五、加强对婴幼儿照护服务机构的管理

（一）完善登记备案制度。举办事业单位性质的婴幼儿照护服务机构，由机构所在地县级以上机构编制部门负责审批和登记；举办社会服务机构性质的婴幼儿照护服务机构，在机构所在地县级以上民政部门注册登记；举办营利性婴幼儿照护服务机构，在机构所在地县级以上市场监管部门注册登记。机关、企事业单位或相关组织单独或联合开办面向单位职工的婴幼儿照护服务机构，根据机构性质在县级以上机构编制部门或民政部门注册登记。婴幼儿照护服务机构经核准登记后，应及时向机构所在地的县级卫生健康部门备案。登记机关应当通过信息管理平台及时将有关机构登记信息推送至本

级卫生健康部门。(省委编办,省民政厅、市场监管局、卫生健康委、教育厅、总工会负责)

(二)规范机构设置。加快推动婴幼儿照护服务机构的专业化和规范化建设,逐步完善婴幼儿照护服务机构及设施建设相关规范和标准,建立健全婴幼儿照护服务机构管理、人才队伍培养、从业人员职业资格准入及管理相关政策。各类婴幼儿照护服务机构要按照《托育机构设置标准(试行)》等相关标准和规范,配备综合管理、保育照护、卫生保健、安全保卫和后勤保障等人员。完善婴幼儿照护服务机构信息公示、质量评估、收托管理、保育管理、安全保障和责任追究等制度。探索将婴幼儿照护服务机构及其工作人员信用信息纳入省公共信用信息管理系统,实行守信联合激励和失信联合惩戒。(省卫生健康委、住房城乡建设厅、民政厅、市场监管局、公安厅、发展改革委、人力资源社会保障厅、教育厅、消防救援总队负责)

(三)加强卫生保健。贯彻落实保育为主、保教结合的工作方针,各地妇幼保健、疾病预防控制、卫生监督机构按照职责,加强对婴幼儿照护服务机构卫生保健工作的业务指导、咨询服务和监督检查。每年组织一次婴幼儿照护服务机构从业人员的卫生保健培训和健康检查,预防控制传染病,降低常见病的发病率,保障婴幼儿身心健康。(省卫生健康委负责)

(四)强化安全监管。各地政府对婴幼儿照护服务的规范发展和安全监管负主要责任,各职能部门按照各自职责落实对婴幼儿照护服务机构的监管责任。督促各类婴幼儿照护服务机构落实安全管理的主体责任,配备相应的安全设施、器材及安保人员。充分运用互联网、大数据等信息化手段对婴幼儿照护服务机构的服务行为进行监管,定期向社会发布符合标准的婴幼儿照护服务机构信息及监督检查情况。组建成立家长委员会,发挥好家长监督作用。畅通投诉举报渠道,加大对婴幼儿照护服务违法违规行为的查处力度。对履行职责不到位,发生安全责任、食物中毒等事故的,严格依法依规追究责任。对虐童等行为零容忍,对相关个人和直接管理人员实行终身禁入,涉嫌违法的严格依法处理。(省市场监管局、消防救援总队、公安厅、卫生健康委、教育厅、人力资源社会保障厅、民政厅、计生协负责)

六、完善保障措施

(一)加强用地保障。各地要将婴幼儿照护服务机构和设施建设用地纳入国土空间规划和年度用地计划并优先予以保障。新增建设用地计划指标分配要适当向婴幼儿照护服务机构和设施建设用地倾斜。鼓励利用低效土地或闲置土地建设婴幼儿照护服务机构和设施。对婴幼儿照护服务设施和非营利性婴幼儿照护服务机构建设用地，符合《划拨用地目录》的，可采取划拨方式予以保障。（省自然资源厅负责）

（二）加强政策支持。严格执行国家关于养老、托育、家政等社区家庭服务业税费优惠规定。婴幼儿照护服务机构用水、用电、用气实行居民价格。婴幼儿照护服务机构收费标准根据服务成本、市场需求、社会承受能力及机构发展需要合理制定。营利性婴幼儿照护服务机构收费标准应与其提供的服务水准相匹配，实行市场调节，明码标价并向社会公示；非营利性婴幼儿照护服务机构收费标准可参考公办幼儿园收费标准自行确定。鼓励各地通过提供场地、减免租金等方式扶持婴幼儿照护服务事业发展，优先支持普惠性婴幼儿照护服务机构。公办婴幼儿照护服务机构应对烈士子女、困境儿童等群体给予优惠照顾，减免费用。（省发展改革委、财政厅、税务局、市场监管局、住房城乡建设厅、民政厅、卫生健康委、宋庆龄基金会负责）

（三）加强队伍建设。有关部门要指导高等院校和职业院校（含技工院校）根据需求设立婴幼儿照护相关专业，培养婴幼儿照护服务专业人才。各地政府要将婴幼儿照护服务人员作为急需紧缺人员纳入"南粤家政"工程等就业培训规划，加强从业人员职业道德、职业技能、职业安全教育，提高服务意识和能力水平。对符合条件的人员，按规定给予职业培训补贴、技能鉴定补贴或技能提升补贴。加快婴幼儿照护服务人才培养，将保育员、育婴员等与婴幼儿照护相关职业纳入职业技能等级认定试点范围，指导用人单位和有关社会组织开展职业技能等级评价。加强婴幼儿照护服务、教育研究。（省教育厅、人力资源社会保障厅、卫生健康委、财政厅负责）

七、加强组织实施

各地政府要将婴幼儿照护服务工作作为重要民生工程纳入当地经济社会发展相关规划，出台具体政策措施，促进婴幼儿照护服务工作规范发展。要督促指导各婴幼儿照护服务机构，在新冠肺炎疫情防控期间切实落实各项防控措施，坚决防止疫情发生。建立全省促进婴幼儿照护服务发展工作联席会议制度，由省卫生健康委牵头，省委编办、省发展改革委、省教育厅、省公安厅、省民政厅、省财政厅、省人力资源社会保障厅、省自然资源厅、省住房城乡建设厅、省农业农村厅、省税务局、省市场监管局、省中医药局、省消防救援总队、省总工会、团省委、省妇联、省计生协、省宋庆龄基金会等单位共同参与。各成员单位要按照各自职责，加强对婴幼儿照护服务的宣传、指导、监督和管理，进一步细化政策措施，强化协作配合，共同推动婴幼儿照护服务健康发展。在全省开展婴幼儿照护服务示范活动，加快建设一批形式多样、服务优质、管理规范的婴幼儿照护服务示范单位，不断提高我省婴幼儿照护服务整体水平。

广东省人民政府办公厅

2020 年 2 月 25 日

附录六　深圳市人民政府办公厅关于印发促进 3 岁以下婴幼儿照护服务发展实施方案（2020—2025 年）的通知

《深圳市人民政府办公厅关于印发促进 3 岁以下婴幼儿照护服务发展实施方案（2020—2025 年）的通知》深府办函〔2020〕27 号

各区人民政府，市各有关单位：

　　《深圳市促进 3 岁以下婴幼儿照护服务发展实施方案（2020—2025 年）》已经市政府同意，现予印发，请遵照执行。实施过程中遇到的问题，请径向市卫生健康委反映。

深圳市人民政府办公厅

2020 年 3 月 30 日

深圳市促进3岁以下婴幼儿照护服务发展实施方案（2020—2025年）

为全面贯彻党的十九大和十九届二中、三中、四中全会精神，深入贯彻落实习近平总书记对广东、深圳工作的重要讲话和指示批示精神，认真落实中共中央、国务院《粤港澳大湾区发展规划纲要》《关于支持深圳建设中国特色社会主义先行示范区的意见》，坚持以人民为中心的发展思想，促进我市3岁以下婴幼儿（以下简称婴幼儿）照护服务发展，加快实现"幼有善育"，根据《国务院办公厅关于促进3岁以下婴幼儿照护服务发展的指导意见》（国办发〔2019〕15号）、《广东省人民政府办公厅关于促进3岁以下婴幼儿照护服务发展的实施意见》（粤府办〔2020〕5号），结合我市实际，制定本实施方案。

一、发展目标

（一）总体要求

坚持家庭为主、托育补充，政策引导、普惠优先，安全健康、科学规范，属地管理、分类指导的基本原则，发挥政府引导作用，将婴幼儿照护服务纳入经济社会发展规划，建立健全促进婴幼儿照护服务发展的政策法规、标准规范、服务供给和监督管理体系，基本形成管理规范、主体多元、布局合理、服务优质的婴幼儿照护服务体系，婴幼儿照护服务水平、服务能力得到明显提升，逐步满足人民群众对婴幼儿照护服务的需求。

（二）具体目标

到2020年底，各区（新区、深汕特别合作区，下同）至少建成1家质量有保障、价格可承受、方便可及的具有示范效应的普惠性托育机构，在幼儿园开展托幼服务一体化试点工作。到2022年，每个街道至少建成1家具有示范效应的普惠性托育机构，至少1家幼儿园（幼儿中心）开设托班。到2025年，每个社区均有提供全日托、半日托、计时托、临时托等婴幼儿托育服务的机构。全市托幼服务一体化的幼儿园（幼儿中心）达200家以上，每千人口托位数达4个，婴幼儿家庭接受科学育儿指导率达95%，婴幼儿健康管理率达95%。

二、主要任务

（一）加强对家庭婴幼儿照护的支持和指导

1. 落实休假政策。贯彻落实有关法律法规，全面落实产假、哺乳假、配偶陪产假等政策，鼓励用人单位采取灵活安排工作时间、减少工作时长、实施远程办公等措施，为家庭婴幼儿照护创造便利条件。支持脱产照护婴幼儿的父母重返工作岗位，并为其提供信息服务、就业指导和职业技能培训。［责任单位：市人力资源保障局，各区政府（新区管委会、深汕特别合作区管委会，下同），市总工会；排名第一的单位为牵头单位，下同］

2. 加强科学育儿指导。按照儿童早期发展科学育儿有关规范要求，完善家庭科学育儿指导服务网络建设，创建各级示范性儿童早期发展科学育儿指导中心（站），组建市、区两级儿童早期发展科学育儿指导专业团队，利用社区家庭发展服务中心、社区党群服务中心、妇儿之家、托育机构等平台，通过入户指导、亲子活动、家长课堂等方式，普及科学育儿知识，提高家庭科学育儿能力。每个社区全年开展不少于 6 次科学育儿活动。（责任单位：市卫生健康委，各区政府，市教育局，市总工会，团市委，市妇联，市计划生育协会）

3. 营造适宜的婴幼儿照护环境。加快推进全市公共场所无障碍设施、母婴室建设，在工作场所建设"爱心妈妈小屋"，为婴幼儿出行、哺乳等提供便利条件，营造友好的婴幼儿照护环境。（责任单位：各区政府，市卫生健康委，市总工会，市妇联，市计划生育协会）

4. 加强婴幼儿健康管理。各级医疗保健机构切实做好基本公共卫生服务、妇幼保健服务工作，推进优生优育全程服务，加强出生缺陷综合防治，提高出生人口素质。为婴幼儿家庭开展宣传教育、新生儿访视、儿童中医药健康管理、新生儿疾病筛查、膳食营养、生长发育、预防接种、安全防护、疾病防控等服务。保障免疫规划疫苗供应，提升预防接种管理质量。提高母乳喂养率，培养科学喂养行为习惯。建立和完善婴幼儿健康服务信息平台，实现婴幼儿健康的动态管理。（责任单位：市卫生健康委，各区政府）

（二）发展多种形式的托育机构

5. 统筹规划建设婴幼儿照护服务设施。将独立占地的婴幼儿照护服务设施和场地建设纳入相关规划。在新建居住区规划、建设与常住人口规模相适应的婴幼儿照护服务设施和配套安全设施，并根据《托儿所、幼儿园建筑设计规范》（JGJ39-2016, 2019 年版）规定，与住宅同步验收、同步交付使用。加强托育机构和设施施工质量监督管理。（责任单位：市规划和自然资源局，市发展改革委，市教育局，市住房建设局，市卫生健康委，各区政府）

6. 拓展婴幼儿照护服务设施供应渠道。老城区和已建成住宅区有婴幼儿照护服务需求但无相关服务设施的，应当逐年通过购置、置换、租赁等方式建设，到 2025 年底前完成。在推进老旧住宅小区设施改造过程中，要做好公共活动区域的设施和部位改造，为婴幼儿照护创造安全、适宜的环境和条件。鼓励对妇女儿童活动中心等场所进行改造，提供非盈利性的婴幼儿照护服务。加强社区婴幼儿照护服务设施与社区卫生、文化、体育等设施的功能衔接，发挥综合效益。（责任单位：各区政府，市妇联）

7. 鼓励幼儿园（幼儿中心）开设托班。开展托幼服务一体化研究，探索建立托幼服务一体化新模式。鼓励有条件的幼儿园（幼儿中心）利用现有资源或通过新建、改建、扩建等方式，开设托班招收 2 至 3 岁的幼儿。研究将不少于 8 托位 / 千人的标准纳入城市规划标准与准则，并据此增加新建住宅区配套幼儿园的建设规模，用于设置适当比例的 2 岁至 3 岁幼儿托班。（责任单位：市教育局、市规划和自然资源局、市卫生健康委牵头，各区政府、市发展改革委、市住房建设局配合）

8. 鼓励用人单位为职工提供福利性婴幼儿照护服务。完善就业人群密集的产业聚集区域和用人单位的婴幼儿照护服务设施。鼓励职工适龄子女达到 20 人及以上的用人单位为本单位职工提供福利性婴幼儿照护服务，有条件的可向附近居民开放。发挥国企引领作用，开展国企办托育机构的试点工作。（责任单位：各区政府，市卫生健康委，市国资委，市总工会）

9. 加强政策扶持推动普惠托育机构建设。制定扶持普惠性托育机构发展的财政补贴政策，综合考虑居民收入水平、服务成本、合理利润等因素，通过市场形成普惠托育服务价格。各区应当按照有关规定对符合要求的公益性、非营利性托育机构以划拨方式供应用地。人口密集区的国有营业场地优先考虑托育机构建设，限定租赁用途，以优惠租赁价格提供给托育机构，营业场地的租赁期限一般约定在 3 年以上。落实相应的税收优惠政策，为社区提供托育服务的机构自有或其通过承租、无偿使用等方式取得并用于提供社区托育服务的房产、土地，按规定免征房产税、城镇土地使用税；提供社区托育服务取得的收入，按规定免征增值税，在计算应纳税所得额时，减按 90% 计入收入总额；承受房屋、土地用于提供社区托育服务的，免征契税；

对于托育企业开展连锁化、专业化服务的，在协议明确范围内开设单个服务实体，其增值税、企业所得税由总机构按税法规定对各分支机构进行汇总纳税；符合条件的企业设立的员工子女托育点所发生的费用，作为职工福利费支出在税前扣除。托育机构用水、用电、用气实行居民价格。鼓励保险机构承保婴幼儿照护服务责任保险。烈士子女、困境儿童优先入托，并给予托育补助，具体补助标准由卫生健康行政部门会同财政部门另行制定。（责任单位：市卫生健康委，市发展改革委，市民政局，市财政局，市规划和自然资源局，市住房建设局，深圳市税务局，深圳银保监局，各区政府）

（三）建立健全托育机构管理制度规范

10. 实行登记备案制度。按照属地管理原则，举办非营利性托育机构的，在机构编制部门注册登记或经业务主管单位同意后在民政部门注册登记；举办营利性托育机构的，在市场监管部门注册登记，登记部门应当及时将托育机构注册登记信息推送至市电子政务资源中心，卫生健康行政部门及时订制获取。托育机构经相关部门核准登记后，应当及时向所在区卫生健康行政部门备案。（责任单位：市委编办、市民政局、市卫生健康委、市市场监管局牵头，各区政府配合）

11. 规范托育服务行业管理。鼓励成立托育服务行业协会，按照国家和省有关托育机构的设置标准和管理规范，制定科学合理的行业标准规范，对场地设施、收托、保育、健康、安全、人员管理等方面进行细化，加强托育机构专业化、规范化建设和管理。建立健全托育机构质量评估制度，由各区卫生健康行政部门牵头，联合属地相关职能部门委托第三方定期对托育机构进行检查评估，向社会公布评估结果。探索将托育机构及其工作人员信用信息纳入市公共信用信息管理系统，依法依规实行守信激励和失信惩戒。（责任单位：市卫生健康委，各区政府，市教育局，市公安局，市民政局，市住房建设局，市市场监管局）

12. 加强托育机构卫生保健工作。认真贯彻保育为主、保教结合的工作方针，各级妇幼保健机构、疾病预防控制机构、卫生监督机构、市场监管部门应当加强对托育机构的卫生评价、业务指导、咨询服务和监督检查，促进儿童膳食平衡与科学喂养，做好托育机构突发公共卫生事件、传染病、常见病与多发病的防控及饮食用药安全、饮用水卫生、环境卫生等工作。每年组织一次婴幼儿照护服务机构从业人员卫生保健培训和健康检查。鼓励托育机构与社康机构合作，建立卫生保健协作机制。（责任单位：市卫生健康委，

各区政府，市市场监管局）

13.加强托育机构安全监管。托育机构应当落实安全管理主体责任，建立健全安全防护措施和检查制度，按标准配备安保人员和物防、技防设施；充分利用互联网、物联网等信息化手段，建立全覆盖的托育机构安全防护体系，提高安全风险防控能力，防范并及时处置各类安全隐患；加强消防设施维护管理，定期举行逃生避险演练，指导托育机构开展消防和逃生避险培训。（责任单位：市卫生健康委，各区政府，市公安局，市住房建设局，市消防支队）

（四）加强婴幼儿照护服务队伍建设

14.加强婴幼儿照护服务人才培养。高等院校和职业院校（含技工院校）要根据需求开设婴幼儿照护相关专业，合理确定招生规模、课程设置和教学内容，加快培养婴幼儿照护相关专业人才。将婴幼儿照护从业人员作为急需紧缺人员纳入培训规划，加强从业人员职业道德教育和法律法规、安全教育、职业技能培训，提高婴幼儿照护服务能力和水平。实施"南粤家政"职业技能培训行动，把育婴师、保育员等与婴幼儿照护相关职业纳入职业技能等级认定试点范围，支持托育企业、职业技能培训机构、职业院校（含技工院校）、行业协会等参与技能培训、技能等级认定和职业能力评价，按规定落实职业技能培训补贴。依法保障从业人员合法权益。（责任单位：市教育局、市人力资源保障局、市卫生健康委牵头，各区政府、市总工会、团市委、市妇联配合）

三、保障措施

（一）加强组织领导

各区、各相关部门要提高认识，高度重视婴幼儿照护服务工作，将婴幼儿照护服务纳入经济社会发展相关规划，制定切实管用的政策措施和实施方案，推进婴幼儿照护服务目标任务的落实，促进婴幼儿照护服务规范发展。

（二）加强部门协同

建立由分管卫生健康的市领导牵头，市发展改革委、市教育局、市公安局、市民政局、市财政局、市人力资源保障局、市规划和自然资源局、市住房建设局、市卫生健康委、市国资委、市市场监管局、市总工会、团市委、市妇联、市消防支队、深圳市税务局、深圳银保监局、市计划生育协会等部门和单位共同参加的联席会议制度，定期召开会议协调解决婴幼儿照护服务发展的重大问题。联席会议办公室设在市卫生健康委，具体承担联席会议的日常工作。

（三）加强财政投入

各级财政部门利用现有资金和政策渠道，将扶持普惠性托育机构发展的补贴经费和婴幼儿照护服务工作管理经费纳入相关责任单位部门预算，支持婴幼儿照护服务工作的发展。

（四）加强监督管理

按照属地管理和分工负责的原则，各区对婴幼儿照护服务的规范发展和安全监管负主要责任，落实托育机构管理规范等相关要求，各相关部门按照各自职责负监管责任，各类托育机构对婴幼儿的安全和健康负主体责任。

（五）加强信息支撑

建立婴幼儿照护服务信息管理平台，利用互联网、大数据等信息化手段对托育机构的服务行为进行全程监督，供家长、监管部门及时了解照护情况，定期向社会发布符合标准的托育机构信息及监督检查情况，在优化服务、加强管理、统计监测等方面发挥积极作用。

附录七 深圳市托育机构设置指南

第一章 总则

第一条 为建设专业化、规范化的托育机构，根据国家《托育机构设置标准（试行）》和《托儿所、幼儿园建筑设计规范》（JGJ39-2016，2019 年版，下同）的规定，结合深圳市实际，制定本指南。

第二条 本指南适用于经有关部门登记、卫生健康部门备案，为 3 岁以下婴幼儿提供全日托、半日托、计时托、临时托等托育服务的机构。

本指南为托育机构设置的基本要求，有条件的区域可以根据本区托育发展水平适当提高要求。

幼儿园托班不适用本指南。

第二章 设置要求

第三条 托育机构的设置应当综合考虑区域经济社会发展水平、人口发展趋势、群众需求及来深建设者随迁婴幼儿照护需求等因素，科学规划，合理布局。

第四条 托育机构的建设必须在坚持依法依规的前提下，符合幼儿生理和心理成长规律，确保安全卫生第一，做到功能完善、配置合理、绿色环保。

第五条 新建居住区应当规划建设与常住人口规模相适应的托育机构。老城区和已建成居住区应当采取多种方式完善托育机构，满足居民需求。

第三章 场地设施

第六条 托育机构的选址应当符合国家和省规定的安全、卫生、环保、消防、抗震、交通等相关要求。

托育机构应当选择地质条件较好、环境适宜、空气流通、日照充足、交通便利、基础设施完善的地段；与易发生危险的建筑物、仓库、储罐、可燃物品、材料堆场和加油站等之间的距离应符合国家现行有关标准的规定；园内不应有高压输电线、燃气、输油管道主干道等穿过。

第七条　托育机构周边环境应当有利于婴幼儿身心健康，不得与铁路、高速路、集贸市场等人流密集的场所相毗邻；与医院传染病房、垃圾中转站、污水处理站等各类污染源的距离应符合国家现行有关卫生、防疫、防护标准的要求；距离通信发射塔（台）等有较强电磁波辐射的场所50米以上。

第八条　托育机构举办者应当提供能满足使用功能要求，与举办项目和举办规模相适应的场所。举办者租用场地的，租赁期限自申请开办托育机构之日起不少于3年。

托育机构建筑或所在主体建筑质量、抗震、防火等应符合相关安全检测要求。内部防火设计应符合现行有关国家消防技术标准的规定，经有关部门验收合格或者备案。

第九条　7个班及以上的托育机构建筑宜独立设置。6个班及以下时，可与居住、养老、教育、科研、文化、商务办公、产业研发等建筑合建，但位置应相对独立，并设有独立的出入通道，不得与其他人员通道交叉，以便婴幼儿快速出入。

第十条　托育机构所在建筑出入口应设置大门、警卫室、人员安全集散和车辆停靠的空间，应设置防止物体坠落设施和安全警示标志，不应直接设在城市主干道或过境公路干道一侧。

第十一条　托育机构室内外设计均应符合《托儿所、幼儿园建筑设计规范》的规定。应功能分区合理、朝向适宜、日照充足，符合婴幼儿生理和心理特点。

托育机构的建筑材料、室内装修装饰材料、设施设备、家具、用具、玩具、图书和游戏材料等，应当符合国家相关安全质量标准和环保标准。配置的玩具应符合现行国家标准《国家玩具安全技术规范》（GB6675-2014）的规定。托育机构室内空气质量达到《婴幼儿室内空气质量分级标准》（T/CAQI 18-2016）一级浓度限值。

第十二条　托育机构生活用房应当布置在首层，不得设在地下室或者半地下室。当布置在首层确有困难时，可将托大班布置在二层，其人数不应超过120人，并应满足防火安全及疏散要求，应设独立的安全出口和疏散楼梯。

幼儿使用的楼梯，当楼梯井净宽度大于0.11米时，必须采取防止幼儿攀滑措施。楼梯栏杆应采取不易攀爬的构造，当采用垂直杆件做栏杆时，其杆件净距不应大于0.09米。

第十三条　托育机构应根据招生规模设置室外活动场地，生均面积不应小于 3 平方米。人口密集地区改、扩建的托育机构，设置室外活动场地确有困难时，室外活动场地生均面积不应小于 2 平方米。在保障安全的前提下，可利用附近的公共场地和设施。

托育机构室外活动场地周围应设置防止幼儿攀登和穿过的安全隔离设施，高度从可踏部位顶面起算不低于 1.30 米，垂直杆件间距不大于 0.09 米。

室外活动场地应有 1/2 以上面积在标准建筑日照阴影线之外。地面应平整、防滑、无障碍、无尖锐突出物，宜采用软质地坪。室外游戏器具、沙坑、跑道、戏水池等设施应符合《托儿所、幼儿园建筑设计规范》的规定。

室外生均面积在 3 平方米以上的，应当优先设置绿化用地，绿地率不应小于 30%。严禁种植有毒、带刺、有飞絮、病虫害多、有刺激性的植物。

第十四条 提供全日托的托育机构生均建筑面积不应低于 6 平方米，室外活动场地不符合《托儿所、幼儿园建筑设计规范》要求的机构，生均建筑面积不应低于 8 平方米，并在室内设置符合婴幼儿年龄特点、专门用于体能活动的公共活动空间。

第十五条 托育机构应设置符合标准要求的生活用房，活动区与睡眠区应设置在同一楼层，根据需要设置服务管理用房和供应用房。仅提供半日托、计时托、临时托等托育服务的机构可适当缩减服务管理用房和供应用房规模。各班生活单元应保持使用的相对独立性。

不得搭建阁楼或夹层作睡眠区，睡眠区应保证每一幼儿设置一张床铺，不应布置双层床，床位四周不宜贴靠外墙，与外墙距离不应小于 0.60 米。

第十六条 托育机构室内生活用房面积宜人均 5 平方米。生活用房应包括睡眠区、活动区、配餐区、清洁区、卫生间、储藏区等，其中乳儿班睡眠区 ≥ 25 平方米、活动区 ≥ 15 平方米，托小班和托大班的睡眠区和活动区可合用，且面积托小班 ≥ 50 平方米，托大班 ≥ 70 平方米。

第十七条 托育机构的卫生间由厕所和盥洗室组成，宜分间或分隔设置。卫生间和淋浴室地面不应设台阶，地面应防滑和易于清洗。卫生间应与班级活动室或睡眠区相邻。乳儿班应设独立的清洁台，托小班和托大班的卫生间面积不宜低于 10 平方米。托小班每班至少设 2 个大便器、2 个小便器，盥洗台至少设 3 个水龙头。托大班每班至少设 3 个大便器、2 个小便器，盥洗台至少设 4 个水龙头。卫生间洁具的配置、形式、尺寸应符合《托儿所、幼儿园建筑设计规范》的规定。

教职工的卫生间应单独设置，不应与幼儿合用。

第十八条 托育机构应设可供全园婴幼儿分班或集体进行文艺、体育、家长集会等多功能活动的空间，其使用面积宜每人 0.65 平方米，且不应小于 40 平方米。室内墙面应具有展示教材、作品和空间布置的条件。

托育机构生活用房应布置在当地最好朝向，冬至日底层满窗日照不应小于 3 小时，单侧采光的活动室进深不宜大于 6.60 米，设置的阳台或室外活动平台不应影响生活用房的日照。

第十九条 托育机构的服务管理用房包括晨检室（厅）、园长室、教师办公室、保健观察室、财务室、会议室、教具制作室、储藏室等。托育机构应当按规模和实际需求配备服务管理用房，各房间最小使用面积应符合《托儿所、幼儿园建筑设计规范》的规定。房间可以合用，合用的房间面积可适当减小。

第二十条 晨检室可设在门厅内，面积不小于 10 平方米，晨检室应在机构的主入口处，并应靠近保健观察室。

保健观察室面积不小于 12 平方米，应设有一张幼儿床，应与婴幼儿生活用房有适当的距离，并应与婴幼儿活动路线分开。应设幼儿专用蹲位和洗手池。

第二十一条 托育机构供应用房宜包括厨房、消毒室、洗衣间、开水间、车库等房间。提供膳食服务的托育机构应当设有与收托规模相适应，符合广东省学校食堂要求及卫生标准和现行行业标准《饮食建筑设计规范》（JGJ64）要求的厨房，并应取得《食品经营许可证》。厨房应自成一区，并与婴幼儿生活区有一定距离。非自行加工膳食的全日制、半日制、计时制托育机构可不设厨房，由符合资质的餐饮服务供应商配餐，配餐间面积不低于 6 平方米。不提供膳食的计时制托育机构可无配餐间。

托育机构应设玩具、图书、衣被等物品专用消毒室。

第二十二条 托育机构婴幼儿活动用房、卫生保健用房（包括晨检室、保健观察室、消毒室等）、配餐间等宜设置紫外线杀菌灯，并应采取防止误开误关措施及警示标识。

第二十三条 托育机构应按照国家、省市有关规定配备符合要求的安全防卫器械、安保监控设备、消防设施设备。托育机构出入口、婴幼儿生活及活动区域、楼梯、走廊、围墙、户外活动场地、厨房区域应做到安全监控设备配置全覆盖、无死角，确保 24 小时设防，录像资料保存期不少于 90 天。

所有区域视频资料的调取均应按照相关法律法规的规定执行，任何机构和个人不得擅自调取、外传视频资料。

第二十四条 托育机构应配备符合《托儿所幼儿园卫生保健管理办法》

和《托儿所幼儿园卫生保健工作规范》要求的卫生保健用品。

第四章　人员规模

第二十五条 托育机构应根据场地面积，合理确定收托规模，最大收托规模不应超过 10 个班。依婴幼儿年龄一般设置四种班型，乳儿班 6～12 个月、托小班 12～24 个月、托大班 24～36 个月、混龄班 18～36 个月。每班具体收托数量根据班级活动室的面积核定，乳儿班不超过 10 人、托小班不超过 15 人、托大班不超过 20 人、混龄班不超过 18 人。

第二十六条 托育机构应配备具有完全民事行为能力，品行良好，身心健康，热爱儿童，热爱保育工作的综合管理、保育照护、卫生保健、安全保卫等工作人员。

托育机构负责人应具有大专及以上学历、有从事儿童保育教育、卫生健康等相关管理工作 3 年及以上的经历，且经托育机构负责人岗位培训合格。

保育人员应具有婴幼儿照护经验或相关专业背景，受过婴幼儿保育相关培训和心理健康知识培训。

保健人员应经过妇幼保健机构组织的卫生保健专业知识培训合格。

炊事人员上岗前应取得《食品从业人员健康证》。

保安人员应取得公安机关颁发的《保安员证》。

第二十七条 托育机构应合理配备保育人员，与婴幼儿的比例应当不低于以下标准：乳儿班 1：3，托小班 1：5，托大班 1：7，混龄班 1：6。

第二十八条 托育机构卫生保健人员应按照《托儿所幼儿园卫生保健工作规范》，收托 100 名婴幼儿至少设 1 名专职卫生保健人员的比例配备，收托 100 名以下婴幼儿的，可以配备专职或兼职卫生保健人员。

第二十九条 托育机构炊事人员应按照《托儿所幼儿园卫生保健工作规范》配备。提供每日三餐一点，炊事人员配备比例应达到 1：50。提供每日一餐二点或二餐一点的应达到 1：80。

第三十条 托育机构安保人员应按照本市有关要求配备，100 人以下的托育机构宜配备 1 名兼职的保安员，100 人以上或独立设置的托育机构应至少有 1 名保安员在岗。财务人员及其他岗位工作人员按照国家有关规定配备。